中等职业学校服装设计与工艺专业规划教材

服装生产管理

吴京原　编

机 械 工 业 出 版 社

本书分为11个项目，内容循序渐进，主要包括我国服装行业的生产现状与发展趋势，服装生产管理的要素，服装生产管理体系，现代服装生产管理的发展，服装生产过程管理及生产准备过程，服装裁剪过程管理，服装缝制过程管理，服装后整理过程管理，服装质量管理，服装物料管理，服装成本管理。

本书可作为中等职业学校服装设计与工艺专业的教材，也可供从事服装设计与工艺的技术人员参考。

图书在版编目（CIP）数据

服装生产管理/吴京原编. —北京：机械工业出版社，2014.2（2023.8重印）
中等职业学校服装设计与工艺专业规划教材
ISBN 978-7-111-45396-3

Ⅰ.①服… Ⅱ.①吴… Ⅲ.①服装工业—生产管理—中等专业学校—教材
Ⅳ.①F407.866.2

中国版本图书馆CIP数据核字（2014）第006528号

机械工业出版社（北京市百万庄大街22号 邮政编码100037）
策划编辑：朱 华 马 晋 责任编辑：朱 华 马 晋 孙晶晶 韩 冰
版式设计：常天培 责任校对：张 力
责任印制：郜 敏
中煤（北京）印务有限公司印刷
2023年8月第1版第3次印刷
184mm×260mm · 9印张 · 202千字
标准书号：ISBN 978-7-111-45396-3
定价：29.80元

电话服务 网络服务
客服电话：010-88361066 机 工 官 网：www.cmpbook.com
010-88379833 机 工 官 博：weibo.com/cmp1952
010-68326294 金 书 网：www.golden-book.com
封底无防伪标均为盗版 机工教育服务网：www.cmpedu.com

中等职业学校服装设计与工艺专业规划教材

编审委员会

序

学好服装设计与工艺专业取决于多方面的因素，一是学习的兴趣，二是学习的资源，三是学习的策略，四是成就感，五是实践的机会。“兴趣是最好的老师”。有兴趣，我们才愿意付出时间、精力和代价，才能“为伊消得人憔悴”但却“无怨无悔”。有学习的资源，就是指有各种各样学习服装专业理论与技能的机会。有些资源可以直接通过网络、各类服装作品或媒体获得，还有一些则是经过专家或老师的选择和编排，并附有各种练习的训练材料。学习的策略，就是指要根据自己的学习目标，根据自己的现有能力、学习风格和学习条件，选择最适合自己的学习方法，培养自己的自主学习和终身学习的能力，最终成为一个成功的学习者。成就感，就是指经常有机会证明自己的学习效果或成就，尤其是通过自己所具备的专业知识与专业技能改善自己与他人的着装结构，提高自己的综合素质和能力。实践机会，就是指努力争取和获得服装行业各方面的实践机会。大家知道，学习服装专业，仅靠课堂上的输入，仅靠教材显然是不够的，大量的实践是必不可少的，以项目为实践依托，提供大量的实践机会，培养在“做”中求知，在“动”中感知，在“用”中增知，有利于学生掌握并实际应用，从而取得令人满意的效果。

我们编写本套教材的理论依据就是以上对成功学习服装设计与工艺专业所涉及的重要因素的理解和分析，以便形成“多赢”态势。项目教学法在国外已广泛用于职业教育，但我国目前还没有完全按照这种思路编写的服装设计类专业教材。本套教材以构思巧妙的教学内容和生动的画面，加上极富特色的任务、项目及教学评价，带给学生一种活泼、欢快的学习环境。针对中职学生的特点，通过从学生的就业入手，确定服装专业课的教学目标；从教学的目标入手，设计服装专业课的教学项目；从学生的发展入手，评价服装专业课的教学效果等方面的实践探索，使中职服装课教学更有效，达到培养合格人才的目的，使学生毕业后走向工作岗位能更快地适应市场。

然而编写这样一套系列教材绝非易事。在前期，我们广泛听取了服装行业企业管理者、中高等职业教育者和学生家长等各方面的意见，经过数十次研究讨论，决定按照以下对课程进行定位与设置的原则：①突出项目教学法的特点，各教学活动围绕学生自己和周围的生活环境展开。②重在实用性人才的培养，打破常规的理论规范的学科体系，以实践教学为主线，提升学生的实际应用能力。③标准化要求。教材在编写中严格按最新国家标准的要求，并与ISO标准接轨。在每个项目后均有标准化考核要求，要求学生树立标准化意识，这是培养21世纪技能人才的需要。

本套教材主要有以下特点：①在总体设计上，以就业为导向，项目分级编写，针对性强，可在学校与企业之间发挥桥梁纽带的作用；②在选择项目上，坚持“贴近实际、贴近生活、贴近学生”的原则，突出个性化特征，选择具有时代感、内容丰富的题材，在完成项目的同时，扩大学生的知识面，培养跨界交流意识；③在难度把握上，突出“实用、够用”原则，兼顾能力的提高和兴趣及自信心的培养，为学生营造宽松的学习氛围；④在项目完成后的评价上，从学生的发展入手，突出灵活性、开放性及参与性，开阔视野、驰骋想象、学着创造，帮助学生为光明的未来做好心、智、技的准备，全面达到顺利就业的各项要求。

本套教材分主干教材（基础部分、项目部分）和选用教材。主干教材是本专业的必修课程；选用教材是为了学生进一步学习和实践打下基础。各学校可以根据自身实际情况选用。

虽然我们的努力是艰辛的，我们的设计是尝试性的，但我们相信，项目教学法将在我国中等职业学校服装专业领域逐步显示它的生命力。希望使用本套教材学习服装专业的学生，能像在高速公路上行车一般，畅通无阻，迅速到达目的地！

前　言

在市场经济条件下，中职服装专业人才培养目标必须主动适应服装行业对服装人才需求的变化，创新人才培养模式，实现跨越式的发展。

随着时代的发展，服装产业已由劳动密集型向技术密集型和资金密集型转化，竞争已由低成本、低价格的竞争转向品牌的竞争，这就对服装专业教学与人才的培养模式提出了新的挑战和更高的要求。对于中职服装专业学生来说，不仅要学会服装设计、制版、制作等一系列工艺，还应该懂得一定的服装企业生产的基本知识，为自己将来从事服装事业奠定基础。

《服装生产管理》结合中职学生的特点，内容简单易懂。正是为了培养既有服装专业基础理论，又具有实际动手能力，善于现场组织的中职服装院校学生而编写的。主要介绍了我国服装行业的生产现状与发展趋势、服装生产管理的要素、服装生产管理体系、现代服装生产管理的发展、服装生产过程管理及生产准备过程、服装裁剪过程管理、服装缝制过程管理、服装后整理过程管理、服装质量管理、服装物料管理、服装成本管理等内容。学生可以通过本书全面了解服装企业生产的各个环节，达到懂技术、会管理的目的。

由于编者水平有限，书中难免有疏漏之处，敬请读者批评指正。

编　者

目 录

技能篇　服装生产过程管理实战

基础篇

服装生产管理概述

项目1

我国服装行业的生产现状与发展趋势

项目任务 了解我国服装行业生产发展的现实情况，努力学习本专业知识与技能，能为本行业的发展贡献自己的一份力量。

身边事

艾芙受到姐姐艾依的影响，报考了本市一所服装中专学校，开始了她的职业梦想。而当她看到某些实体店、网店中有许多服装的风格非常类似时，不禁产生了要自己当老板开店设计服装的冲动……艾依告诉她，这个理想是可行的，但先要脚踏实地地把专业课学好，可以先从基层做起，等到时机成熟的时候，再自主创业。

一、我国服装行业的现状

服装业作为全球化程度最高的产业，已经发展为集各种高精尖技术为一体，同时包含科学、技术、艺术、创新的综合性体系。但是中国服装业的现状却实在令人担忧！分析纺织服装产业链，国外企业控制着上游的织造开发和下游的服装设计，在市场上形成了强有力的品牌效应，如老爷车、阿迪达斯、华伦天奴、耐克等不一而足。而中国的订单因为没有国际品牌的支持，价格缩水至少在七成以上。下面从几个方面来简单了解一下我国服装行业的现状：

1. 生产

（1）生产能力 我国的服装生产能力、出口量居世界第一，是“服装制造大国”。我国服装行业拥有丰富的资源、廉价的劳动力和庞大的市场，对生产管理和成本核算相对重视，但是整体水平不高。这主要表现在产品结构上，中低档产品所占比重大，高附加值产品所占比重小。

（2）生产形式 服装企业是典型的“加工型企业”。服装产业开始由生产加工型为主向品牌加工和贸易型转变。

（3）产业分布 服装企业的数量非常多，但规模普遍偏小。根据国家统计局的数据，2012年1~6月，服装行业规模以上（年主营业务收入2000万元及以上）企业14243家，累计主营业务收入7537.7亿元，同比增长11.66%，增幅比上年同期下降了18.89个百分点。效益好的企业集中在浙江、江苏、广东、福建、上海、山东，销售收入占全行业的76%，实现利润占全国的90%。近几年，服装制造业的竞争，以从单个企业战略逐步向全方位的集聚地战略演变，根据中国服装协会对各地区的调查，全国现有39个服装集聚地，主要分布在珠江三角洲、长江三角洲、环渤海地区和东南沿海地区。现阶段，我国服装产业发展又面临由东南沿海向中西部内地转移的趋势，新疆的棉花、内蒙古的羊绒、宁夏的皮草，中国服装的重心在东南部，但是产业资源的重心却在中西部。产业转移不是简单的设备迁移，而应该是能力的迁移。转移的过程是兼并重组的过程，也是由弱到强的过程，只有淘汰落后的产能，才符合产业发展规律。

（4）生产难题　招工问题、福利待遇、工人素质、用人模式等问题限制了企业的发展。中国纺织服装业正面临着发展中企业的规模、市场份额和创新的集中度走向问题。

2. 技术

1）拥有先进的生产工业设备、发达的交通设施、国际先进的物流产业，由传统的制造业向现代时尚业转变，技术型产业、知识型产业、时尚型产业。

2）服装企业的核心竞争力就在于设备现代化+企业信息化。企业核心竞争力的最新的诠释：信息化的高价值性、稀缺性、难模仿性和不可替代性。

3. 市场

（1）国际市场　中国纺织工业协会数据显示，2010年前5个月，由于外需严重萎缩的局面仍在持续，我国纺织品服装出口总额仅为604.20亿美元，同比下降了11.13%，增速较上年同期回落26.44个百分点。

中国海关总署最新统计显示，2010年上半年，中国累计出口服装、衣着附件和纺织纱线织物及制品明显下降，比2009年同期约下降一成。现今中国纺织服装的出口形势依然严峻，但还是保持“服装出口大国”的地位。

（2）国内市场　占世界1/5人口的中国是服装的消费大国，2002年，我国纺织工业总产值超过10644亿元，销售总额为10024亿元，实现利润336.6亿元，全国服装和纺织行业70%的利润来源于内贸市场，内贸成为中国服装的主战场。服装业的“外转内”外贸企业做内贸市场。纺织品服装内销最大的潜力市场还是在农村。2008年城镇居民每年衣着支出在1000元以上，农村却不到200元，基本上只相当于城镇衣着支出的1/5左右。中国大部分市场被那些90%在中国制造的品牌所占领，服装企业竞争停留在比较低层面上，主要还是停留在价格、款式等方面的竞争。绝大多数服装企业的产品销售还是以批发市场的大流通为主。

4. 设计

目前国内服装的设计能力较弱，设计手段多停留在纸面放样的落后阶段。设计周期长、试制成本高、创新能力弱。没有引领时尚和潮流的能力，市场竞争过分依赖劳动力成本较低的优势。国内高档服装的设计、板型和面料在很大程度上还需要依赖和模仿国外的技术。

5. 品牌

我国是服装大国还不是服装强国，还处在品牌初级阶段。国内市场上品牌的集中度不够，更缺乏世界知名品牌。中国服装行业最为成熟和稍微具备国际竞争力的当属男装和羽绒服，如杉杉、雅戈尔、七匹狼、柒牌、劲霸、波司登、李宁、美特斯邦威。但盈利能力还是太低，品牌没有规模，通过低成本优势同国际品牌竞争。国内也有许多知名品牌，如江南布衣、马克华菲、淑女屋、以纯等，但都缺乏真正意义上的国际服装品牌，没有在国际市场上叫得响的民族品牌，由“中国制造”迈向“中国时尚”。

6. 服装复合型人才的缺乏

我国现阶段大多数服装企业缺乏能够进行品牌运作的高级管理人才，缺乏复合型的营销、管理人才，缺乏熟悉国际市场规律的外贸人才，特别缺乏的是能够把握市场的设计人才。

服装行业要实现新型工业化，人才问题是关键。发展规划必须有相应的人力资源开发培养计划相配套，制订继续教育和终身教育规划，人才培养作为部门领导绩效考核，继续学习和自我发展的空间，工作环境和发展环境，施展才华的舞台，人才数量和质量的稳定性，解决企业高级人才的流失问题。建立高层经理人员开放竞争、择优录用的机制。学习和借鉴国际服装企业高精尖的管理方法、先进技术、操作技能等，培养并造就知识型的职工队伍。

二、我国服装行业的发展趋势

我国服装行业目前已经呈现出整合、调整和提升的趋势，进入更加复杂的经营竞争格局。传统的设计研发、生产制造、销售经营、配套服务以专业细化形态继续发展；而品牌经营使服装制造商和经销商淡化传统的设计、制造和销售模式，量的增长不再是第一目标，以价值创新为核心的品牌发展，将成为历史新任务。

1. 产业转型加剧

我国服装行业在劳动密集产业中与国外相比，占有较大的优势。但是大都处在行业产业链的最底层，使用大量的、廉价的劳动力，加工着大量的国外贴牌服装，给国外品牌做嫁衣。要想改变这种状况，要实现从产业优势向竞争优势的升级，关键在于培育企业的核心竞争力和技术创新优势，实现从产品单一、类型单一向多品种、多类型、高科技含量、高附加值的跨越。

服装行业作为传统产业，近年来淘汰率明显上升，企业靠数量、廉价劳动力的发展已经基本结束。服装市场升级对产品供给数量的要求大大降低，大多数企业已经从产品营销转向商品营销，个别企业已经走向文化营销，即强调产品形象、品牌口碑和附加值。

2. 品牌和市场细分

服装品牌是整个服装行业的风向标，服装品牌的商业表现，往往带动整个行业的商业潮流。服装品牌的高商业价值，给具有自主品牌的服装企业带来丰厚的利润。随着我国经济的快速发展，中国服装市场会出现更多的国际品牌，中国服装市场越来越国际化。

这也是对国内服装行业的更大挑战。因此，市场细分为品牌生存发展提供了难得的机遇，也为企业的多品牌发展创造了条件，也是民族品牌生存发展的迫切需求。我国地大物博，从北到南，从东到西，有着不同的消费观念。从地域来讲，以哈尔滨为代表的东北寒冷城市，以北京为代表的北部干旱城市，以上海为代表的东部沿海城市，以广州为代表的南方湿热城市。从民族来讲，我们有56个民族，各民族的文化观念、消费习惯、需求状况大不相同。因此，中国的大市场和多元化是国内服装企业占优势的先决条件。服装企业应该把握市场定位，做好品牌文化，把我们的服装产业做大做强。

国际一体化使全球距离缩小了，不同国家的国民穿同样品牌、同样款式的服装已不足为奇。中国服装企业在国际市场的开拓之路也将有新的突破。我国部分服装品牌在国外陆续开店或将拉开中国服装品牌正式登陆国际市场的新帷幕，国际也将更为接受“中国服装”和“中国企业”由“世界工厂”逐渐向领军地位的转身。

我的收获：

我的疑惑：

项目测评：

1. 学生们在了解我国服装生产发展现状后每人写一份心得。

2. 学生们在课下再多搜集和了解些国外的服装行业发展情况。建议学生们不要只限于书本知识，要积极开展社会调查，搜集各种有用的资料和信息，以便今后学习中加以利用。

项目 2

服装生产管理的要素

项目任务 1. 了解服装企业的特点与成衣生产方式。

2. 熟悉生产管理的含义。

身边事

艾芙了解了我国服装业的现状后，更加坚定了自己要好好学习服装专业的信念。想到将来能为我国服装行业的发展贡献自己的一份绵薄之力，笑容已浮现在她的脸上。

一、我国服装生产企业的共同点

作为生活的必需品，衣食住行“衣”为先。服装伴随着人类历史经历了每一个进程。中国“地大物博”，人口众多，服装产业成为了我国支柱性产业。基于服装行业生产的特点，门槛低、投资少、见效快，服装企业遍布了我国各个地区。其生产规模和组织也大相径庭，有的企业只有一所厂房，十几个工人，而有的企业拥有几所厂房，上千名工人。由于服装企业生产是靠大量人员手工技术操作，因此，服装生产管理至关重要。作为管理者，必须掌握服装企业生产的性质和各个生产环节的特点，才能控制大局。我国服装生产企业有以下共同点：

1. 服装生产企业是劳动密集型企业

服装从设计，到批量制造，从裁剪、生产，到后整理包装，都需要大量人员来操作。一条精细化衬衫的生产流水线，至少要有 20 ~ 30 名工人，日产量能达到 300 ~ 400 件，人工成本占了相当高的比重。因此，一些投资者将工厂设在能提供廉价劳动力的发展中国家。现在，随着我国的服装原材料、人工费的逐步提高，一些大城市的服装企业转移到了城乡和农村，有的甚至转移到了越南和老挝等劳动力低廉的国家。

2. 投资少、见效快

如果是加工型企业，租一个厂房，建设一个裁剪部、两条流水线、一个后整理部、拥有 70 ~ 80 名人员，前期投资设备在 15 万元左右。如果管理好了当年就能收回成本。

3. 产品品种多、更新快

服装作为人们生活当中不可缺少的一种产品，自身就种类繁多。包括春夏秋冬、从头到脚、从里到外，囊括了各式各样的服装产品。随着时代的发展，人们的审美、爱好、追求时尚的愿望越来越强，因此，服装的款式、面料、色彩、图案等设计千变万化。流行周期的缩短、个性服装的突出，造就了服装品种多样性，以适应当今社会的发展。

4. 服装企业生产的产品是技艺结合的半手工产品

服装产品不像其他产品，靠全自动机械化生产就能制造出来。它是需要拥有一定的高级设备和人员的手工技艺相互配合才能完成的产品。当然，机械化生产是成衣精细化生产的最高目标，那也只能降低人们的手工劳动程度，但终究也是离不开人们的手工技艺操作。

二、服装企业的生产方式

服装作为人们的一种消费产品，应该适应不同类型的消费群体对服装的要求。因此，服装的生产方式可分为以下几种：

1. 成衣化

成衣化（ready-to-wear）是工业化标准生产方式。在我国，成衣化服装通常以“GB/T 1335—2008 服装号型”为基准，结合款式工艺特征，由流水线作业工人分工序批量完成服装制作。

2. 半成衣化

半成衣化（easy order）是以工业化标准为基础，由用户对某些部位提出改进要求，结合工业化生产的方法，投入工厂生产完成。

3. 定制

定制（made-to-order）是以个人（或小团体）体型为准，单量单裁制作。一些特殊的体型或个性十足者是服装制作店的常客，知名的服装店往往是知名人士和社会名流的常去之处。定制服装价格较高，美国定制服装的价格是成衣化服装的4倍，德国为3倍，日本为2倍。

（1）高成衣化率国家服装生产的特点　通常，市场上的服装统称为“成衣”，一般都是前两种生产方式生产的服装。全国服装调查表明：我国1985年成衣化为35%，1990年为50%，20世纪末达到85%，可赶上发达国家。美国的成衣化率为99%，德国为95%，日本为92%，法国为72%，意大利为60%。高成衣化率国家服装生产的特点如下：

1）具有先进的设备、成熟的工艺、新型面料，且不断采用新技术，适应新产品的生产。

2）服装加工技术向自动化、立体化方向发展。

3）注重产品的流行性，用工业化的生产手段进行小批量、高档化服装加工，效益高。

4）重视服装品牌的发展，有好的商业信誉和企业形象。

5）形成并具有手工高档时装的概念。

6）服装设计、裁剪计算机化，服装CAD、CAM、服装款式设计的三维系统等加以应用，可随时进行设计，并可在计算机上直接修改，并显示最终产品的试样，供客户选择。

7）缝纫设备专业化、高速化，黏合设备、整烫设备自动化，使缝纫工艺简单，效率高。

8）服装生产管理科学化。

（2）我国服装市场存在的不足 虽然我国的成衣化率也很高，由于企业发展的历史比较短，各方面的基础环节比较薄弱，因此绝大多数服装企业还远远达不到发达国家的成衣化生产水平。目前，国内服装市场还存在一些不足：

1）交货期不能保证。我国的纺织品和服装，从生产、包装、定船到运输、交货的时间较长，影响外商订货。

2）服装的标准性能不清。在服装上标明服装衣料的成分、洗涤、熨烫、保存方法、是否褪色等标识不全、不清，我国的服装生产企业还缺少这方面的意识。

3）在国际贸易中，绿色壁垒成为服装贸易中的新阻碍，而我国服装企业的服装绿色环保意识还不够强。

4）服装质量不稳定。同一批货，由不同地区、不同厂家生产，质量不统一。

随着我国经济的不断发展，服装工业改革的力度不断加大，我国服装工业正处于变革时期：生产类型由大批量、少品种、长周期向小批量、多品种、短周期方向发展；逐渐重视服装品牌的发展；企业向集团化规模经营过渡；机械化、专业化作业程度逐步提高；逐步建立服装信息网，采集国际服装流行信息。不远的将来，我国服装工业的发展必将超越发达国家。

三、服装企业的生产流程

我国服装生产企业运作的方式归结为两种形式：一种是自主品牌运作型，一般拥有自己的设计团队、精细化生产队伍和市场销售能力。其投资较大，管理严密，创造性强，产品的附加值高；另一种是纯加工型企业，拥有大量的生产技术工人，不用设置设计和销售环节。比较多见的是外贸加工企业和品牌贴牌加工型企业。无论哪种企业，其服装生产的形式都是大致相同的。服装企业的生产流程一般分为以下几个环节：

1. 制订生产计划

生产计划是企业为了生产出符合市场需求或客户要求的产品，所确定的在什么时候生产，在哪个车间生产以及如何生产的总体计划。服装企业的生产计划主要是靠订单来制订的。品牌经营企业的订单是根据企业服装产品的特点和品牌定位以及销售量来制订的，具体几种产品、几条生产线、多大规模，完全取决于市场的销售情况。它是集设计、生产、销售于一体、密不可分的一种管理模式，制订生产计划会聚集设计、技术部门、生产部门、质量管理部门、采购部门，以及销售部门等相关人员进行研究和评审。而加工型企业的订单全部来自于外部。给外贸加工，给品牌服装加工等形式。往往根据自身的生产能力来接受服装加工订单的大小，从而制订自己的生产计划。一般程序是先进行样衣试制和客户确认，而后签订合同，制订生产计划、安排生产。企业的关键在于保质保期，一批合同完成的好坏会直接影响下一批合同的签订。

2. 生产准备

在产品正式投入生产前所进行的各种生产技术的准备工作。生产准备主要包括面辅料的采购、工艺设计、工业样板的制作、工艺设备的准备、流水线的安排、工时定额的制订、质量检验的方法等一系列的准备工作。

3. 裁剪

裁剪是生产线的第一部门。它主要是根据生产通知单在规定的时间内将每一批合同的面辅料进行裁剪、分扎，等待缝纫车间人员领取。

4. 缝制

裁片进入缝制环节，车间主任或小组长按照制订好的流水工艺安排人员流水缝制。流水缝制生产出第一件产品要确认封样，同时确定流水线的生产能力和质量水平，同时进行质量过程检验。

5. 后整理

流水线缝制好的服装会流入最后一个部门——后整理。在这里会将一件件服装进行检验、整烫、包装、装箱等工作，最后等待入库或出厂。

我的收获：________________

我的疑惑：________________

项目测评：

1. 简述服装企业的生产流程。
2. 课外搜集国外的成衣化生产形式。

项目 3

服装生产管理体系

项目任务 1. 了解服装生产管理体系的组成。

2. 掌握服装生产管理的方法。

身边事

艾芙了解了服装企业的生产方式和共同点，更加坚定了一定要把基础打牢的决心，只有这样才能一步步地提高，很多在管理岗位工作的人员不都是掌握着扎实的基层工作经验嘛。

一、管理的重要性

管理是管理者运用其拥有的和能够支配的人力、物力、财力、信息等各种资源，对管理对象进行计划、组织、指挥、协调和控制等一系列的实践活动，以达到预期目标的过程。随着科学技术的不断发展，生产社会化程度日益提高，市场经济的全球化，使加强企业管理，提高科学管理水平，不仅是提高企业经济效益的有效手段，而且也是提高社会经济效益和市场竞争力的重要途径。从社会市场发展过程来看，管理的重要性是由以下几个因素决定的：

1）管理是由人们共同劳动所引起的，规模越大，人员越多，管理就越重要。随着现代化大工业的出现，不仅生产技术复杂，企业内部分工和协作更加精细，而且社会化程度越来越高，社会联系也更加广泛。要使生产力的各种要素更好地结合起来，就更需要科学地组织生产。因而，管理不仅是促成有效分工与协作的需要，而且也是促成资源（人力、物力、财力、技术、信息等）优化配置的需要。可以说，管理是社会化大生产的客观要求和必然产物。

2）管理是现代科学技术发展的客观要求，是促进技术进步的有力武器。科学技术是第一生产力，管理是生产力中的结合因素，生产力诸多因素的有机结合是靠管理来实现的。特别是在市场经济条件下，科学技术突飞猛进，社会生产力跳跃式发展，科学技术在生产中的地位越来越重要，作用也越来越显著。管理其实就是把科学技术转化为实用生产力的手段和中介，只有加强管理，才能加快科技成果的转化。没有科学的管理，任何先进技术都无从发挥作用。

3）管理是提高企业经济效益和社会效益的重要手段。在一定的生产技术条件下，一个企业经济效益的高低，在很大程度上取决于管理水平的高低。先进的管理能以较少的劳动消耗、物资消耗和较少的资本占用，生产出更多、更好的符合社会需要的产品。

综上所述，管理是共同劳动的黏合剂，是科学进步的推动器，是提高企业经济效益和社会效益的金钥匙。

服装企业管理的根本任务包括经营管理和生产管理两方面内容。

1）经营管理。经营管理是由经营计划、产品开发、财务、物资供应、销售等管理系统组成。

2）生产管理。生产管理也称生产技术管理，是有关生产活动方面的一切管理工作的总称。它由质量、成本、生产组织、生产调度与控制等管理系统组成。

构成服装企业生产管理的基本要素：

1）人。服装企业作业人员除了数量的要求外，还应考虑技能水平和努力程度（工作态度）。

2）物质：

① 材料：服装面料、辅料的物理性能、加工性能等。

② 机器设备：各种服装加工设备，如裁剪机、缝纫机、整烫机，以及各种辅助设备等。

③ 能源：水、电等。

3）技术。工艺标准的制定：质量标准、检验标准、工时定额等。

4）资金。生产资金的周转，生产成本费用等。

5）信息。消费市场需求、生产过程中的信息反馈等。

在服装生产过程中，除了要有高水平的技术人员、先进的加工设备，重要的是还应具有高效、科学的管理体系，才能按时向顾客提供价格适中、保质保量的服装产品。

二、服装生产管理体系的组成

服装生产管理是一项涉及面较广的管理技术，是一个有机体系。其内容包括生产技术管理、生产过程组织与管理、质量管理、物料管理和成本管理等。它们相互影响、相互制约，从整体上看，服装生产管理就是运用计划、组织、控制的职能，把投入生产过程的各种生产要素有效地进行组合，形成一个有机的服装生产管理体系，如图3-1所示。这其中包括硬件性要素和软件性要素。硬件性要素是指构成生产系统物质形成的那些硬件及其组合关系，主要包括生产技术、生产设施、生产能力和企业内外协作关系等。硬件性要素是以生产工艺和生产设备为核心的。软件性要素是以软件形式出现的，主要包含人员组织、生产计划、库存控制和质量管理等要素。

服装生产企业管理的总任务是以盈利为目的。具体来讲，就是投入较低的成本，生产

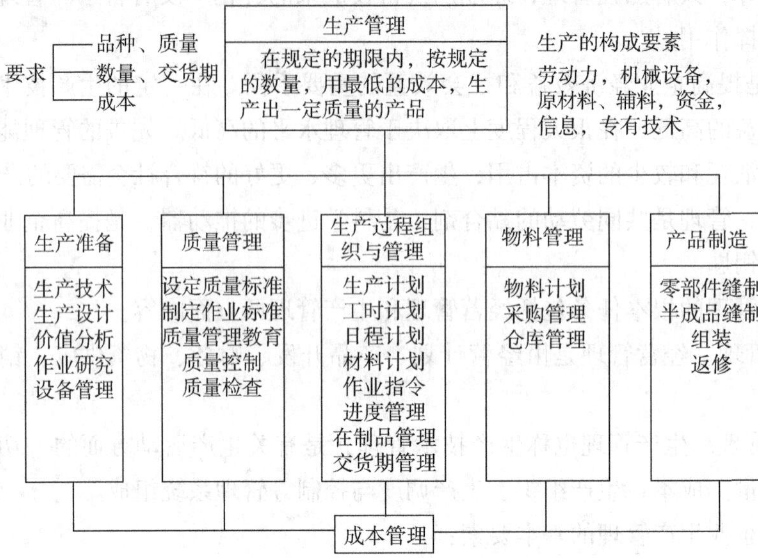

图 3-1 服装生产管理体系

出高回报的产品。服装企业管理的重点要围绕三个要素来进行管理，即质量（quality）、成本（cost）、交货期（delivery），也称 QCD 三要素。这三要素在生产过程中是相互联系、相互制约的，要加强质量品质，就得提高管理成本，要想缩短工期，就得使员工加班加点，影响产品质量。因此，企业需要科学的管理和先进的经验来进行合理的组织、协调和控制来达到以下目的：

1）降低成本。

2）减轻职工劳动强度，提高生产率。

3）增加产量和销售额。

4）缩短生产周期，减少半成品和成品的库存量。

三、服装生产管理的方法和特点

在进行有效的服装生产管理时，可采用管理大师威廉 · 爱德华 · 戴明博士提出的 PDCA 工作循环原则，即

1）P（plan）计划。确定方针和目标，制订生产计划。

2）D（do）执行。实地去做，实现计划中的内容。

3）C（check）检查。总结执行计划的结果，注意效果，找出问题。

4）A（action）改进。对总结检查的结果进行处理，成功的经验加以肯定并适当推广使其逐渐标准化；失败的教训加以总结，以免重现，未解决的问题放到下一个 PDCA 循环中。

PDCA 循环实际上是有效进行任何一项工作的合乎逻辑的程序。在生产管理中，PDCA 循环得到了广泛的应用，并取得了很好的效果，因此 PDCA 循环是管理的基本方法。之所

以将其称之为 PDCA 循环，是因为这四个过程不是运行一次就完结，而是要周而复始地进行。一个循环完了，解决了一部分问题，可能还有其他问题未解决，或者又出现了新的问题，再进行下一次循环，如图 3-2 所示。

图 3-2　PDCA 循环管理

服装生产模式就是一个循环的过程，从裁剪、生产流水线、后整理包装以及质量管理等过程是既分工又合作的形式，裁剪的质量直接影响生产流水的操作，生产的质量影响到后整理的操作，中间以质量管理来贯穿其中，一批服装生产下来所发生的问题会直接反应到生产中的各个环节。服装生产线生产不会让工人总换新活儿来生产，那样会造成产品产量降低，质量下降，利润降低，不利于企业发展。因此，同样的或类似的服装产品在一条生产线上会经常生产，是周而复始的过程。因此，PDCA 循环管理在这里会得到充分的运用，不断解决问题的过程就是企业生产水平上升的过程。PDCA 循环不仅是一个生产环节的运用，它大到整个服装公司的整体运行体系，小到一个小小的部门，如裁剪部等，是大环带小环的有机逻辑组合体。

我的收获：

我的疑惑：

项目测评：

1. 名词解释：管理。
2. 简述服装生产管理的要素。
3. 简述服装生产管理的方法。

项目 4

现代服装生产管理的发展

项目任务 1. 了解服装 CIMS 系统的组成、努力化方向。

2. 掌握一些管理的新模式、新方法、新趋势。

身边事

随着时代的发展，服装行业已经不像从前那样只是简单的科技含量低的劳动密集型产业了。艾芙参观的企业，为适应时代的发展，引进了很多技术含量高的电子设备。对这些设备的使用，艾芙感到很陌生，同时，也明白了要学习的东西还有很多。

一、信息化管理及服装生产管理软件的应用

（一）我国服装行业 CIMS 系统的应用与发展

服装产品的流行性和买方市场的形成，要求服装企业能对市场作出快速反应和敏捷制造。消费观念的变革使人们对服装的消费更讲究质量、追逐流行、突出个性，所以服装企业是较典型的多品种、小批量、短周期的柔性市场模式。

随着自动化技术、电子计算机技术、信息技术和人工智能等高科技的迅速发展，特别是在有了服装专用的 CAD、CAM、FMS 等技术和计算机控制的各种缝纫机械技术以后，世界各国都先后对服装企业 CIMS 技术进行开发。据不完全统计，应用服装 CIMS 系统可使服装企业的整体功效提高 10% ~20%，生产率提高 30% ~50%，市场周期缩短 30% ~60%，设计费用减少 15% ~30%，人工费用减少 5% ~20%。

我国服装行业属于劳动密集型产业，现代科学管理水平相对不高，产品大多以数量多、价格低、成本低而取胜，产品本身的技术含量比较低。为了提高我国服装行业的综合竞争力，必须依靠科技进步，提升产品技术含量，加快实施服装 CIMS 系统，将产品设计到投放市场所需的工作量降到最低程度，提高服装企业对市场的反应速度，从整体上实现服装企业的优化运作。

服装企业的市场流程复杂、工序繁多，市场所需的面料、辅料、半成品等具有品种

多、数量大、配置复杂的特点。而我国的服装企业大多数属于劳动密集型企业，自动化程度还比较低，这在服装企业发展的初期并未对企业造成过多的影响，随着企业的不断发展壮大与科技的发展，给服装企业的信息化带来了很大的难度，成了企业发展的主要障碍。据不完全统计，目前中国的纺织服装行业使用CAD的企业有800家左右，而中国的服装企业合计约有6万家，普及率仅2%左右。相比欧美一些国家80%普及率，中国服装CAD远远未达到普及程度。虽然国内也有少数大型服装企业实施了CIMS工程，但从整体而言，国内服装企业的信息化、自动化程度很低。

鉴于目前我国服装企业的现状，我国也开展了服装CIMS系统的研究和开发工作。在国家科委和国家“863”计划的支持下，“八五”期间在中国服装研究设计中心建立了一个服装CIMS示范中心，作为服装企业向现代化发展的样板，它是以公共数据库和网络通信为核心，实现全过程计算机的多视图、多层次的综合系统，该系统已列入CIMS主题应用工程项目之一。工程的战略目标是以CIMS思想为指导，以信息集成为主体，建成一个高技术的计算机集成快速反应男装示范系统，生产出国内一流水平的西装，体现现代服装技术的综合效益，为我国服装生产向多品种、小规模转化做一次尝试，逐渐实现“科研设计—生产实验—贸易”各环节的良性循环。

在服装CIMS的教学研究方面，上海工程技术大学服装学院——服装快速反应作为重点学科进行建设，与法国力克公司成立了远东地区最大的服装CAD教学基地，并建立了拥有瑞典ETON公司捐赠的国际一流的服装吊挂生产系统、高速缝纫设备和整烫设备的服装研究中心。该学科结合这个纺织服装制造的特点，运用现代化管理理念、信息技术、CIMS技术、物流系统技术，对成衣制造的过程进行了深入的研究，并初步建立了一种适合于中小型企业的、能满足客户需要、迅速反映市场变化、有效地控制成本、及时完成订单任务的这个纺织服装制造的快速反应系统。

（二）服装CIMS系统的组成

现代的服装CIMS系统主要包括：服装信息管理系统、服装计算机辅助设计系统、服装计算机辅助工艺过程计划系统和服装计算机辅助制造系统等。

1. 信息管理系统（MIS）

现代的服装信息系统即采用计算机技术、网络通信技术，建立中国服装工业信息库，其中要将服装产、供、销、服装流行、服装科技统一纳入数据库内，构成一个能与国内外通信的信息库，有条件的可登录信息高速公路。

2. 计算机辅助设计/制造系统（CAD/CAM）

20世纪70年代以来，CAD/CAM系统在改进生产流程、提高服装企业生产效率等方面发挥了重要作用。据统计，截止到2000年，欧美等国家的服装企业直接应用服装CAD/CAM系统者已超过70%，中国台湾地区已达到30%。目前，CAD系统不但具备款式设计、花纹图案设计、面料组织设计、自动配色、打板、放码、排料等功能，还朝着一体化和网络化方向发展，并且多媒体和虚拟现实技术的发展，也为CAD系统注入了新的活力，从而最终实现服装的三维展示和自动试衣功能。

CAM 系统包括自动拉布机、裁剪机、吊挂传输系统和后整理设备。CAM 系统通过从 CAD 系统和 CAPP 系统接受衣片及工艺信息，利用计算机控制相关的加工设备，实现自动拉布、验布及裁剪等缝制准备工作，并将信息传输给 FMS 系统。

CAD/CAM 系统以其灵活、高效的特点，大大缩短了服装企业从设计到投产的时间，降低了市场成本，并且 CAD/CAM 系统通过控制信息流，确保了服装企业在设计与生产过程中设立并保持统一的标准，这些标准有助于提高产品的质量，优化工艺流程，并为企业获得如 ISO 9000 等标准认证奠定了基础。

3. 计算机辅助工艺过程计划系统（CAPP）

随着服装生产向多品种、小批量、短周期的方向发展，传统的工艺设计已无法适应当前服装工业的发展需求。CAPP 系统是服装 CIMS 系统的重要组成部分，是联系设计和生产的纽带。该系统从 CAD 系统中获取工艺信息，并根据 MIS 系统提供的企业生产条件、物料资源以及工人的技术水平信息，用计算机系统代替人工进行工艺设计，形成工艺流程图、工序分析表、工艺单及自动加工的控制指令，并指导 FMS 系统进行动态调度。CAPP 系统的应用缩短了设计周期，降低了设计成本，实现了工艺设计的标准化和最优化。

4. 柔性加工系统（FMS）

FMS 系统是由计算机控制吊挂传输系统并与模块式生产相结合的新型工艺生产系统。在 FMS 系统中，中央主控机以网络形式连接每一个工作站内的终端机，通过中央主控机及时了解当前的生产效率。同时，FMS 系统通过与 MIS 系统、CAPP 系统的信息共享，增强了生产系统的弹性，使服装企业能够根据客户的要求快速实现多款式产品的加工生产。据统计，FMS 系统的使用，可提高 15% 的工作效率，调换产品品种的周期可缩短 1/3 ~ 1/2。FMS 系统可使不同款式、不同颜色以及不同号型的服装在同一流水线上生产，实现了多品种、小批量、短周期的新型服装生产模式。

由以上几个现代化技术单元加上计算机管理、仓储、整烫、质量检测及电子贸易等系统，用计算机网络通信技术加以集成，就形成了服装企业的计算机综合制造系统（CIMS）。

（三）企业运用 CIMS 系统的效益评价

CIMS 系统是企业管理运作的一种手段，是一种战略思想的应用，其初期投资大，涉及面广，资金回笼周期长，短期内很难见效，因此在对 CIMS 系统作效益评价时不能单凭货币标准来衡量其效益，要多方面综合考虑其效益指标。所谓综合效益是指 CIMS 系统对企业和社会所能带来的各种效益，可以从下面几个方面来理解：

1）应用 CIMS 系统提高了劳动生产力为企业带来的利润，为国家增加国民收入所做出的贡献。

2）应用 CIMS 系统提高了企业对市场的应变能力和抗风险能力，对企业实现经营战略所做出的贡献；提高企业市场竞争力，促进技术进步所做出的贡献。

3）为提高整个企业员工素质和技术水平做出的贡献。

4）为节约天然资源所做出的贡献。

5）通过应用和推广 CIMS 技术，为国家优化产业结构，发展新产业，提高国际市场上的竞争力所做出的贡献。

二、电子商务的迅速成长

所谓电子商务是利用计算机技术、网络技术和远程通信技术，实现整个商务（买卖）过程中的电子化、数字化和网络化。人们不再是面对面地看着实实在在的货物、靠纸介质单据（包括现金）进行买卖交易，而是通过网络上琳琅满目的商品信息、完善的物流配送系统和方便安全的资金结算系统进行交易（买卖）。

服装行业电子商务的应用涉及服装企业管理的各个层面，对企业的服装有着深远和重大的影响。通过开展电子商务，服装企业既可以实现内部业务运作的电子化管理，实现管理创新和业务优化，从而建立企业的竞争优势，也可以与供应商、加盟商等合作伙伴以及客户建立电子商务系统，实现电子贸易和电子交易，改善整个供应链。

（一）电子商务的发展

可以说，没有任何一种经济模式像电子商务这样，在短短的几年时间里经历了如此戏剧性的发展，同时，又被社会各阶层接受并予以关注。1999 年年底至 2000 年年初，一个个电子商务的财富神话诞生了，任何人都无法回避“.com”的轰炸和冲击。但是随之而来的却是网络经济的破灭。2000 年春天，纽约纳斯达克股市几度暴跌，在一年间从 5132 点的历史记录下跌到 1923 点。电子商务网站开始纷纷倒闭，大量财富在瞬间产生又瞬间消失。

在经历了起初的狂热和发展中的阵痛之后，电子商务本身并没有因为股票市场的指数下跌而停止发展的脚步。各国政府仍然继续支持和鼓励电子商务的发展，从 2002 年起，电子商务在各个领域都出现健康快速地成长。

纵观全球电子商务市场，各地区发展并不平衡，呈现出美国、欧盟、亚洲“三足鼎立”的局面。美国是世界最早发展电子商务的国家，同时也是电子商务发展最为成熟的国家，一直引领全球电子商务的发展。欧盟的电子商务发展起步比美国晚，但发展速度快，已成为电子商务较为领先的地区。亚洲作为电子商务发展的新秀，市场潜力较大，但是近年的发展速度和所占份额并不理想，是全球电子商务的持续发展地区。

（二）我国电子商务发展现状

近年来，在全球经济保持平稳增长和互联网宽带技术迅速普及的背景下，世界主要国家和地区的电子商务市场保持了高速增长态势。以美国为首的经济发达国家，仍然是世界电子商务的主力军；而中国等发展中国家电子商务异军突起，正成为国际电子商务市场的重要力量。

随着我国网络应用普及率的日益提高，通过网络进行购物、交易、支付等的电子商务新模式发展迅速。电子商务凭借其低成本、高效率的优势，不但受到普通消费者的青睐，还有效促进了中小企业寻找商机、赢得市场，已成为我国优化产业结构的重要动力。

“十一五”规划以来，我国电子商务行业发展迅猛，产业规模迅速扩大，电子商务信息、交易和技术等服务企业不断涌现。2011 年我国电子商务交易总额达到 5.88 万亿元，其中中小企业电子商务交易额达到 3.21 万亿元。2012 年我国电子商务市场交易额突破 8 万亿元，同比增长 31.7%，其中跨境电子商务成为新的发展热点。

近年来，政府相关部门围绕促进发展网络购物、网上交易和支付服务出台了一系列政策、规章与标准规范，为构建适合我国国情和发展规律的电子商务政策法制环境做出了积极探索。预计到 2015 年，我国规模以上企业应用电子商务比率将达到 80% 以上；网络零售额相当于社会消费品零售总额的 9% 以上。

（三）我国电子商务发展趋势

1. 电子商务的发展环境将不断完善，发展动力持续增强

随着市场经济体制进一步完善，推进经济增长方式转变和结构调整的力度继续加大，发展电子商务的需求将会更加强劲。电子商务将被广泛应用于生产、流通、消费等各领域和社会生活的各个层面。这将促使全社会电子商务的应用意识不断增强，有关电子商务的政策、法律、法规将不断出台，电子商务发展的政策法律环境将不断完善。同时，也促使物流、信用、电子支付等电子商务支撑体系建设更全面地展开，从而使得电子商务发展的内在动力持续增强。

2. 电子商务应用将达到新的广度和深度

随着《电子商务发展“十二五”规划》的实施，电子商务在国民经济各部门中将得到进一步的推广和应用。电子商务交易额呈现稳定持续增长态势；在区域发展方面，长三角、珠三角和环渤海等东南沿海的电子商务继续高速增长的同时，辐射力也逐渐加强，将促进东部和中西部地区之间的协调发展；在企业应用方面，在国家、各级政府的政策引导下，在电子商务服务业的协助下，将促进企业由非支付型电子商务向支付型电子商务发展、协同电子商务的发展，深化企业应用水平。

3. 电子商务服务业蓬勃发展，逐步成为国民经济新的增长点

随着企业供应链电子商务、国际电子商务的发展，将带动电子商务服务业的发展，围绕电子商务服务形成的从低端技术环节到中端支撑环节再到高端应用环节的电子商务服务链在我国节点饱满，一个全新视角的电子商务服务业群正在形成，将成为未来国民经济新的增长点。

4. 电子商务与产业发展深度融合不断加大，加速形成经济竞争新态势

在综合性电子商务网站已经占据综合类 B2B 领域绝大部分市场的情况下，越来越多的行业电子商务网站已经在综合网站市场之外寻求专业化细分领域的发展。电子商务正在与传统产业进行深入的融合，两者相互促进、协调发展。

5. 移动电子商务正成为电子商务新的应用领域

移动通信商，密切关注移动商务企业市场，中国移动和银联联手推出的“手机钱包”，完成移动电子商务付费的个性化服务。基于移动支付的支持，移动电子商务正成为电子商务新的应用领域。

（四）实施电子商务对我国服装行业产生的意义

1. 提升产业结构，突破传统企业制度和经营方式

电子商务突破了时间和空间的界限，使电子商务可以随时随地进行。

电子商务建立了不同于传统商务的流通模式，减少了大量的中间环节。

2. 提高产品竞争力

网络提供了一个较低的成本、较快的速度获得信息和知识的途径。通过网络，企业可以直接了解客户的个性化需求，及时掌握世界最新流行趋势。同时电子化交易降低了产品的成本，企业可以为客户提供低成本、高质量且适销对路的高竞争力产品。网络化协同设计为服装设计师、服装客户提供了网上协同设计的平台，利用多方资源，逐步提高服装的设计创新能力，最终提高产品的附加值，提升市场竞争力。

3. 对市场的快速反应

在服装行业中，抢先市场，生产符合市场需要的产品是一个服装企业财务市场领导者的关键因素。因此，时机的选择和把握成为服装企业成功的关键。电子商务提高将零售商、服装制造商、面料制造商和原材料供应商紧密联系在一起，利用广泛的网络合作和信息共享，提高整个供应链快速反应能力。企业通过电子商务，了解市场的需求，加快产品开发速度，缩短开发周期，不断推出新产品更好地应对快速变化的市场需求，实现对市场的快速反应。

（五）我国电子商务发展存在的问题

1. 区域发展不平衡

东南沿海地区发展远优于中西部地区。以深圳为代表的华南地区和以北京、天津为代表的华北地区实现了全国50%的交易额，而西部地区占比不到10%。

2. 中小企业电子商务发展仍显滞后

中小企业受到自身管理水平、资金和人才等因素的制约，电子商务发展水平相较于大企业明显滞后。据统计，只有9%左右的中小企业实施了电子商务。而在大型企业中，通过电子商务进行采购、销售的比例就已分别达到30%和27%。

3. 信用体系建设不完善

电子商务的发展促进电子商务合同规范的出台，加强对电子商务合同的监管，以减少或消除在线交易双方的风险，促进信用体系建设。

4. 虚拟市场监管不力

这方面出现的主要问题包括在线产品信息管理、交易服务的监管及消费者权益保护等。

5. 电子商务税收缺乏相应的解决方法

由于网络交易量统计和网络征税技术的困难，使得电子商务征税很难实施，至今仍没有很好的应对措施。

6. 物流配套体系仍需完善

我国尚未建立强大的物流配送体系，物流管理水平低，现代物流业发达程度欠缺，全国范围或更广范围的物流配送能力尚显不足。

7. 电子商务人才缺乏

我国电子商务教育体系仍处于摸索过程中，且受电子商务本身发展迅速等因素共同影响，使得我国电子商务人才缺口加大。

三、现代管理的发展趋势

在我国，凡是重视和强化管理的企业一般都能取得较好的效益；反之，管理工作受到忽视或削弱的企业就难以扭转效益低下的局面。一些企业原来的境况还不错，后来其产品质量下降，市场萎缩，效益滑坡，甚至走向破产，深入调查分析，都可以从它的管理方面找到一些原因。还有些企业原本处境艰难，但通过切实加强管理，依靠职工群众厉行增产节约，增收节支，实现了扭亏为盈，走出困境，甚至发展壮大。这些生动事例说明，管理也是生产力，它能够直接出效益、增效益。

管理是一切企业生存和发展的永恒主题。有人认为，先进的管理与科学、技术是现代社会发展的“三根支柱”，完全适用于广大企业，应当引起所有企业的高度重视。不进行科学化管理，也就无法建立现代企业制度，就不能在激烈竞争的国内外市场中求生存、谋发展，最终必将被无情的市场所淘汰。因此，现代管理的发展趋势是每位企业家或管理者们所要精心了解和关注的问题。

1. 管理将是真正以人为本

进入21世纪，科学技术日新月异，市场竞争非常激烈，知识经济已经来临，员工素质普遍提高，脑力劳动比例增大。在此形势下，组织成功的关键在于人，在于人才，在于拥有和充分利用员工的知识、技能和经验，在于充分调动员工的积极性和创造性。因此，组织的管理必须做到以人为本；尊重人，关心人，激励人，培养人，开发人的潜能；充分发扬民主意识，倾听员工的意见，将职位权威性转变为知识权威性，将员工的才能和积极性尽量调动起来。

以人为本的人，还包括组织以外的用户、用户的用户、供应商、协作单位等。组织同样要尊重他们，关心他们的利益和权益，调动他们参与组织业务活动的积极性，把他们的知识、技能和经验利用起来。

2. 管理将更加群体化

群体是指由两个或两个以上相互作用、相互依存的个人，为了实现某一特定目标而组成的集合体。群体有正式和非正式的。

管理的群体化是指管理工作要更多地依靠群众（仅限于正式群体）而非个人去完成，例如，群体决策，群体领导，组织工作组、任务小组、自我管理小组来开展工作等。

进入21世纪，外部环境的不确定性显著增加，组织面临严峻的挑战，任何人无论其素质多高、经验多丰富，也很难单独地正确应对。而依靠群体，集思广益，则可能减少失误，应付自如。因此，群体决策和群体领导将会日益受到重视，更广泛地被采用。

3. 管理将更加突出组织文化的作用

进入21世纪，组织文化的作用将更加突出，这是因为：

1）组织的外部环境不确定性显著增加，“理性主义”的管理方式已越来越难适应现代企业。管理是一门科学，又是一门艺术，既要靠逻辑推理，又要靠直觉与热情的要求。这些“非理性倾向”将更加为人们所认识，而更加重视组织文化。

2）员工的素质提高，生活水平提高，他们不喜欢过多的外来控制，工作的动力不再以金钱为主，更多地依靠工作兴趣和工作成就。这就要求突出组织文化，发挥其导向作用、激励作用和自我约束作用。

3）广大员工被组合在跨职能的任务团队或工作组中，要求知识联网和动态协作。这就必须突出组织文化，强化互助协作意识。

4）推行第五代管理，实现对等知识联网、集成过程和对话式工作，建立学习型组织，需要树立共同愿景，采用“深度会谈”和“讨论”方式来学习。这些都要求组织发扬高度民主、高度公开，这也有赖于更加突出组织文化。

4. 管理更加重视系统观和权变观

系统观和权变观是已经得到公认的符合唯物辩证法的现代管理观点，在21世纪必将更加受到重视和被广泛运用。

进入21世纪，各国的国情依然有很大的差异，他们的产业结构不同，企业的性质（劳动密集型、资本密集型和知识密集型）不同，组织的外部环境更是复杂多变。因此组织的管理必须更重视权变观点，从实际出发，具体情况具体分析，选用适合于外部环境和自身情况的管理模式和方法，且随着情况的变化而变化。

5. 管理将是柔性的管理

柔性即弹性、灵活性，柔性管理是适应更加多变的外部环境及社会需求多样性的必然要求。以企业为例，在技术上，需要不断开发新产品，改进老产品，保有充足的技术储备。还需要不断开发和采用新技术、新设备、新工艺、新材料，保持生产技术的现代化水平。

在经营上，需要适度的多样化，以适应多样化的社会需求并分散风险。首先是产品多样化，其次是跨行业经营，再次是跨国经营。多样化也有巨大的风险，应适度、量力而行。

在组织结构上，需要更多地采用有机型组织而少用机械型组织。矩形组织和网络组织将会更普遍地被采用。组织层次将减少，分权程度将加大。跨层次、跨职能的任务团队将增多，他们基本上自主管理，外来的控制减弱而协调工作量增大。

在个专业管理上，都要适应市场变化而增加柔性。如生产管理，就是以市场为导向，善于组织多品种、小批量的生产，不怕零星或紧急的订货，打破原来的稳定和均衡，但仍要保持产品质量和交货期。

6. 管理将更重视战略的制定和实施

大约从20世纪60年代开始，由于科学技术高速发展，市场竞争空前激烈，外部环境更加多变，经营难度急剧加大，西方尤其是美国的一些企业加深了“商场如战场”的认识，将军事战略思想引进管理，开始制定和实施战略。到20世纪80年代初，战略管理形成了一门新兴的管理科学。

复杂多变的环境要求企业的管理者们具有超前意识，站得高，看得远，能先人一着地发现环境变化带来的机会和威胁，评价自身的优势和劣势，并研究如何发挥优势、抓住机遇、克服劣势、避开威胁的经营战略，然后组织实施。实践证明，推行战略管理的企业多数都取得明显的成效。

进入21世纪，外部环境的不确定性更加显著，战略管理的重要性和必要性更加突出。可以预料，未来的管理将更加重视战略管理。

7. 管理将出现跨国化趋势

随着经济全球化，各个国家都在努力使其国内经济与世界经济接轨，跨国经营逐渐增多，跨国公司大量涌现。当前，发达国家的跨国公司凭借其优势在全球各地广泛投资，新兴工业国家和发展中国家的一批具有战略眼光的企业也纷纷将触角伸向国外，部分大型企业已初具公司规模。进入21世纪，跨国经营的趋势有增无减，因此，企业管理出现跨国化趋势。管理者将更多地考虑如何利用国内、国际两种资源，进入国内、国际两个市场，参与国内、国际两个竞争，处理跨国文化差异等难题，这些对企业管理者提出了更高的要求，也更说明了人才对未来企业的重要性。

8. 管理将促使组织不断地创新和学习

在21世纪，外部环境的不确定性增加，科技进步加快，社会需求多样化，市场竞争日趋激烈，一切组织都处在迅速发展的环境中，就如在急流险滩中行进的船舶一样。这对组织管理者提出了很高的要求，特别要求他们发挥好创新职能，在观念、产品、技术、组织结构、业务流程、管理制度和方法方面不断地创新。“不创新，则灭亡”，这句话日益成为新的管理者的一大呼声。

为了能不断创新，组织必须不断地学习，成为学习型组织。组织的全体成员，首先是高层管理者，要努力学习知识，掌握极为丰富的信息，思路开阔，勇于探索，敢于实践，看准了就大胆地试、大胆地闯。还要鼓励和支持组织内部的革新者都这样做，永不满足已有的成绩。这样才会有不断地创新。创新可能失败，不用害怕，应当学会接受失败并从失败中学习。

在未来的企业管理中，我国管理的理论工作者和实践者将继续努力，考虑到客观形势的发展变化，在不久的将来建立起科学的、适合我国实际的管理理论，以促进我国各类组织管理水平的提高，推进我国的社会主义现代化建设。

我的收获：________________

我的疑惑：________________

项目测评：

1. 电子商务对我国服装行业产生的意义是什么？
2. 简述现代管理的发展趋势。

技能篇
服装生产过程管理实战

项目 5

服装生产过程管理及生产准备过程

项目任务 1. 了解服装生产技术管理系统。
2. 掌握服装生产过程的组织原则。
3. 掌握服装生产前的各项准备内容。
4. 读懂各种生产信息文件。

身边事

经过一段时间的学习，艾芙已经系统地学习了关于服装样板、服装缝制工艺、服装设计、服装面料等知识，艾芙已经可以自己独立设计并且制作漂亮的衣服了。

暑假到了，艾芙决定到服装公司打工，既能勤工俭学挣学费，又可以检验一下自己是否能学以致用。

经过面试，艾芙凭借自己娴熟的工艺技巧和对样板的掌握程度，顺利地进入一家服装企业。但是，在进入车间的第一天，她就遇到了困难。

在车间里，虽然有和学校的缝纫教室里一样的平缝机、裁剪台等设备，但在宽敞的厂房，品种齐全的设备井然有序地排列，都让艾依感到了震撼，同时也有种无所适从的感觉。这么大的车间，要制作完成成千上万件订单服装，该怎样开始呢？谁在裁剪？谁在缝制？谁在熨烫？谁在安排这些工作？带着这些疑问，艾芙开始了她第一天的工作。

厂长安排车间主任带着艾芙到工作车间熟悉环境，这时艾芙发现在各个车间里还有那么多奇怪的机器，有的机器是在学校从没有见过的。

在厂长办公室里，艾芙看到一张画着服装款式图的表格，艾芙很好奇。厂长打开计算机，向她介绍到："这些是信息技术文件，以后你会有机会接触这些表格的。""哇！真没想到，居然有这么多表格，这些在学校里可是都没见过的呀。看来要用心学习了。"艾芙心里暗下决心。

一、服装生产过程简介

服装生产过程是指从准备生产某种服装产品开始到出厂的全过程。不同的服装企业有不同的组织结构、生产形态和目标管理，但其生产过程及工序是基本一致的，包括服装款式设计、生产准备、裁剪、缝制、后整理、检验等生产环节。生产过程的组织就是要以最佳的生产方式将各种生产要素组合起来，对生产的各个环节、工序进行合理的安排，使之形成一种协调平衡的作业系统。

服装企业为了保证生产的产品在生产过程中顺利进行，而需要对产品生产过程进行一些有效的辅助生产工作，如技术文件的支持、设备的维修，以及供应的保障等，所以，服装企业生产过程的构成应包括以下几个部分：

（1）生产技术的准备过程　这是指产品在投入正式生产前所进行的各种生产技术的准备工作。其主要包括服装款式的设计、工艺设计、缝制设备的准备、服装样板的制作、原辅材料的准备、工时定额的制订以及生产信息文件的制订等。

（2）基本生产过程　基本生产过程是指为直接生产出某种服装产品而进行的一系列生产活动。基本生产过程包括服料、辅料和衬料的工业裁剪、装面服装流水线生产的安排实施、后整理检验、整烫、包装以及质量控制等生产活动。

（3）辅助生产过程　这是指为保证基本生产过程的正常运行所配备的各种辅助生产活动。如设备的维修与保养，为加工特殊工艺进行的机器配件制作、包装材料加工等工作。

（4）生产服务过程　这是指为基本生产和辅助生产所进行的各种服务活动。如原辅材料的采购与及时供应，原辅材料、半成品、生产工具等保管与收发、车间温控系统的装置，运输等工作。

以上四个部分既有区别又有联系，其核心部分是基本生产过程。在服装企业中，质量保证是关键，关键的核心在服装的生产缝制过程。

产品在生产过程中有各种不同类型的工序，在性质上也不是完全相同的，一般可分为下列四类：

1）工艺工序。即直接改变加工对象的性质、形状、大小等的过程。它是生产过程最基本的部分，如服装生产的裁剪工序、缝纫工序、整烫工序等阶段，每个阶段还可划分为若干道工序，例如，男装上衣的缝纫工序可分为缝领工序、缝袖工序、衫身缝合工序等，这些工序还可再细分为若干细小的工序。

2）检验工序。即对加工的原材料、零部件、半成品、成品等进行检查的过程。

3）运输工序。车间与车间之间、车间内部的工艺工序之间或在工艺工序与检验工序之间运输原材料、零部件、半成品和成品的过程。

4）储存等待工序。由于组织管理等原因而安排的储存、等待过程。

把工序进行划分，目的是做好生产过程的组织、制订劳动定额、配备工人、检查产品质量和编制生产计划及作业计划等工作。

二、服装生产技术管理机构

在生产规模较大的服装企业，整个生产过程由若干个部门和若干道工序组成。在这个系统中，任何一名管理人员都不可能直接指挥生产的每个环节和每道工序，必须分级管理，逐级指挥，统一管理，这样就形成了一个多级管理的指挥系统。由厂长或经理指挥车间，车间指挥班组，班组指挥工人，即通常所说的三级管理。三级管理机构如图 5－1 所示。

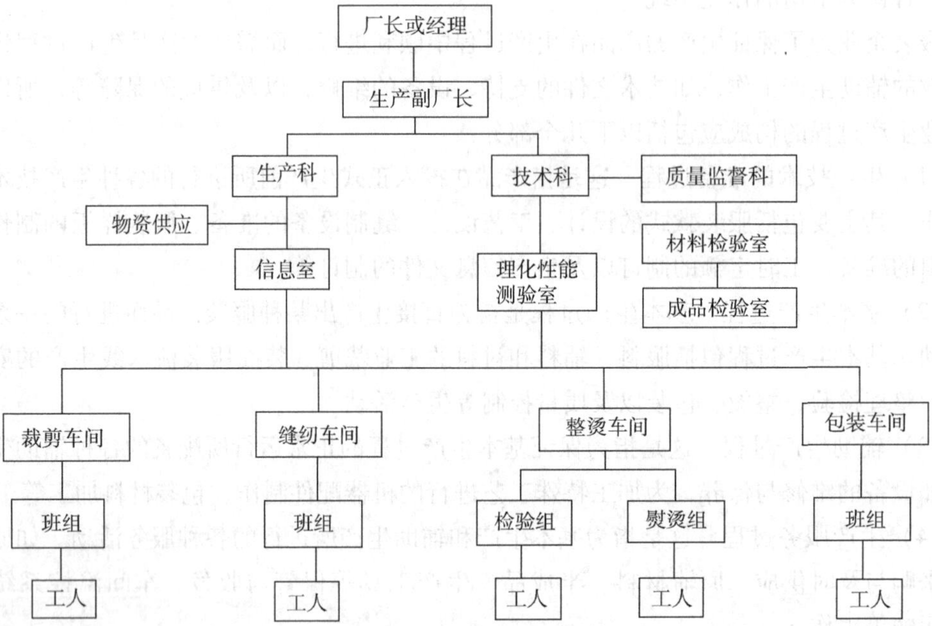

图 5-1 三级管理机构

三、服装生产过程的组织原则

服装生产过程的组织必须遵循以下原则：

（1）连续性 服装生产的连续性是指生产过程中，产品的各工序之间在时间上的紧密衔接。在组织生产中，要让产品各工序一直保持运动状态，尽量避免工序间的停顿、等待时间，这样才能提高生产效率，创造更大的利润空间。

（2）平行性 服装生产的平行性是指生产的全过程都要同步进行，如裁剪、缝制、整烫、包装等要保持平行生产，流水线缝制当中各工序间也要平行生产，这样可以减少生产周期。这也是连续性的必然要求。

（3）比例性 服装生产的比例性是指在生产的各环节配置的人员、机器设备、生产能力等元素要有适当的比例关系。例如，裁剪车间安排 1 个裁剪小组能供保生产车间几条流水线生产，后整理安排几个成员生产，能达到生产的连续性、合理性。这要根据本公司的具体条件来安排。如生产计划、年生产量、产品品种、具体人员等综合考虑。

（4）均衡性 服装生产的均衡性是指在组织生产中保持在相等的时间内生产出相等的服装产品来，生产负荷相对稳定，避免出现或紧或松、先松后紧、停滞和等待现象。

以上几项原则既有区别又有联系，比例性和平行性是连续性的保障，而连续性、平行性和比例性又为均衡性提供了基础。

四、服装生产的准备过程

（一）技术信息的准备

技术信息是用于指导生产的技术文件，是进行整个服装生产过程的技术标准，也是统一操作的技术法规。在服装生产活动中，所需的各种信息文件大多数是企业内部制订的，必须既明确又详细。在服装企业生产过程中，主要有以下几种信息技术文件：

1. 生产合同书

“合同书”是一种来料加工合同书。产品加工定制合同见表5-1。

表5-1　产品加工定制合同

供方：________________　　　合同编号：

需方：________________　　　签订地点：

签订时间：

第一条　产品名称、商标、型号、数量、金额、供货时间：

名　称	规格型号	材　质	数　量	单价/（元/套）	金额合计
合　计					

金额总计（大写）：

第二条：质量要求技术标准：________________

第三条：交（提）货时间及数量交货时间：________________

第四条：交（提）货方式、地点：________________

第五条：包装方式、包装物的供应与回收：________________

第六条：检验方式及检验期限：按加工及双方制订要求验收。

第七条：买方就检验结果提出异议的期限：________________

第八条：结算地点、方式及时间：________________

第九条：违约责任：________________

第十条：争议解决方式：________________

第十一条：双方约定本合同生效、变更、解除条件：________________

<table>
<tr><th colspan="4">供　方</th><th colspan="4">需　方</th></tr>
<tr><td>供方（章）</td><td colspan="3"></td><td>需方（章）</td><td colspan="3"></td></tr>
<tr><td>住所</td><td colspan="3"></td><td>住所</td><td colspan="3"></td></tr>
<tr><td>法人代表人</td><td colspan="3"></td><td>法人代表人</td><td colspan="3"></td></tr>
<tr><td>委托代理人</td><td></td><td>电话</td><td></td><td>委托代理人</td><td></td><td>电话</td><td></td></tr>
<tr><td>传真</td><td></td><td>邮政编码</td><td></td><td>传真</td><td></td><td>邮政编码</td><td></td></tr>
<tr><td>开户银行</td><td colspan="3"></td><td>开户银行</td><td colspan="3"></td></tr>
<tr><td>账号</td><td colspan="3"></td><td>账号</td><td colspan="3"></td></tr>
</table>

2. 服装生产制造通知单

服装生产制造通知单是服装生产中的指示性文件，一般下发到生产指挥部门或技术部门，可根据样品读懂通知单后来安排生产技术的各个环节，如技术科来制作样板、制定质量标准、制订裁剪方案、制订生产线、制订工时、安排后整理等工作。

服装生产制造通知单（见表5-2）具体内容可以根据自身情况自行设计，如客户有具体质量要求或图例说明内容多的可另加附表予以具体说明。

表 5-2 生产制造通知单

客户订单号	款式编号		数量		面料说明	交货期
尺码数量 / 颜色	M	L	XL	XXL	XXXL	合计
辅料	拉链	纽扣	商标	水洗	吊牌	
图例			制作要点		包装说明	
部位尺寸 / 尺码	裤长	腰围	臀围	连腰前浪	连腰后浪	脚口
M						
L						
XL						
XXL						
XXXL						
备注						

3. 裁剪明细表

裁剪明细表（见表5-3）是生产部或技术部下发到裁剪车间的生产文件，裁剪主管接到此文件要及时读懂，按照裁期来安排裁剪小组准时裁剪。

表 5-3 裁剪明细表 （单位：件）

客户订单号	款式编号		数量		面料	裁期
尺码数量 / 颜色	M	L	XL	XXL	XXXL	合计
白	200	400	400	400	200	1600
灰	100	200	200	200	100	800
黑	200	300	300	300	200	1300
开裁日期	裁剪方案		用料平均单耗		实际裁剪数量	

4. 车间生产排期表

车间生产排期表（见表5-4）又称车间生产进度表。它是生产计划管理的一部分内容，安排的好坏直接影响生产的组织原则。

表5-4 车间生产排期表

客户号	款式号	面料	数量	生产组	布料到期	裁期	生产日期	后整理	交货期
大洋洲	1-1女裤	全棉	6000件	1	11月2日	11月5日	11月8日	11月12日	12月5日
欧洲	2-1男裤	牛仔布	4500件	2	11月20日	11月25日	11月28日	11月22日	12月30日

5. 车间生产日报表

车间生产日报表见表5-5。它是记录每天的生产情况，定期汇报给生产部门，来控制生产进度和整体的生产情况。每天生产小组生产出的产量也要求后整理部门及时整理出来。

表5-5 车间生产日报表

生产1组	制作款号	生产2组	制作款号
数量 / 日期		数量 / 日期	
11月8日	100件	11月28日	80件
11月9日	150件	11月29日	100件
11月10日	200件	11月30日	110件
11月11日	200件	12月1日	120件
…	…	…	…

6. 服装产品装箱单

服装产品装箱单分为单色单码、单色混码、混色混码装箱，实际要根据客户的要求来进行装箱。表5-6为服装产品装箱单，它是一种混色混码装箱单。

表5-6 服装产品装箱单

型号 / 面料	M	L	XL	XXL	XXXL	XXXXL	合计
米白色	1	1	1	1	1	1	6
豆绿色	1	1	1	1	1	1	6
军绿色	1	1	1	1	1	1	6
特白色	1	1	1	1	1	1	6
咖啡色	1	1	1	1	1	1	6
合 计	5	5	5	5	5	5	30

5色×6号=30件/箱　　　共计50箱

7. 车间标准工序工价表

服装在生产流水线运行几天后，基本达到生产的均衡效果后，生产部或技术部要及时制订出各生产环节的标准工序工价表，见表5-7。这是计算工人每天生产工序单价的依据，也是计算每个工人工资标准的依据。要做到分配合理、计算公正、及时公开，能够到达管理的透明化、合理化、公正化，能够促进生产的顺利进行。

表5-7 标准工序工价表

客户单号： 款式编号： 数量： 日期：

工序号	工序名称	工价	工序号	工序名称	工价
1			8		
2			9		
3			10		
4			11		
5			12		
6			13		
7			14		

服装生产信息文件还有很多，如采购单、生产的五连单、领料单等，都是生产中不可或缺的信息文件，都起到信息传递和沟通的作用，使生产顺畅运行，达到管理的目的。

（二）样衣试制

在服装生产准备过程中的各种技术文件的制定和各项技术质量的要求标准，离不开一项重要的环节——样衣试制。服装样衣试制是根据设计人员的服装设计效果图、或是来样订单加工的样衣或款式图，经过技术人员设计结构图，然后裁剪、缝制出完全符合设计意图或来样要求的服装。样衣试制是服装生产企业的技术资料和质量标准的依据，也是提供给客户审核、确认的依据，同时是检验款式设计和样板设计合理性的依据。

1. 样衣试制的作用与目的

（1）原辅材料的确定 通过样衣试制可以确定选定的面辅料、配料等材料是否符合服装生产出来后的效果，达到设计师或客户的满意。

（2）工业样板的确定 样衣试制一般就中间号码来制作，样衣制成后，模特穿着达到效果后，就在此号码基础上缩放出其他系列号码的规格尺寸，确定无误后，设计出工业样板，准备投入大批量生产。

（3）工艺质量标准的制定 样衣试制确定后，技术人员就此样衣制定出各个生产环节的生产质量标准，如裁剪工艺质量标准、生产流水工艺质量标准、后整理质量要求等技术文件，各个生产环节严格执行。

（4）生产工序的确定 提高样衣试制，制订出服装缝制的工序环节和流程，为流水线的生产制订和安排提供准确的依据。

（5）加工工时的确定 通过样衣试制过程，技术人员应对每一道加工工序进行标准作业时间的测定，这样就能给生产部门计算单位时间的产量和工序工价的计算提供一个基本依据。

2. 封样

当生产任务下达后，生产车间或班组要按照工艺技术标准的规定进行流水生产作业，流水生产出的第一件服装或精工制作的工艺复杂的零部件产品，要进行产品封样，要经过技术部门或客户的确认。检查面辅料是否相符、各部位的规格是否准确、批量生产环节是否合理等问题，只有经过检验合格后才能进行大批量生产。通过封样才能确保产品质量，确保工艺技术文件的贯彻执行，有利于各个生产部门的协调合作。

（三）生产设备的准备

服装从设计到流水生产，都需通过专业的机器设备来制作完成。不同的服装类型选用的服装设备各有不同，如针织服装必须选用适用针织的设备来生产，梭织服装必须选用梭织设备等。选用设备的针对性和机器的品质对服装的生产质量和生产效率起着重要的作用。设备的管理包括选购、使用、维修、保养等环节，也是企业生产管理当中一项重要的内容。

1. 服装设备的种类

1）服装设计设备。计算机辅助设计系统，如COERLDRAW软件、CAD制版软件、CAD制版输出设备、手工设计工具以及工作台等。

2）生产设备。裁剪设备有裁床、断布机、铺料机、电动裁剪刀（直刀、圆刀、带刀裁剪机）、钻孔机、切痕机、打号机等。

缝制设备有平缝机（单针、双针）、链缝机（单针、多针）、包缝机（三线、四线、五线）、暗缝机（缲边机、扎驳机）、上腰机、绷缝机、扎围机、打结机、锁眼机（平头、圆头）、钉扣机、卯眼机和绣花机等。

熨烫设备有黏合机、烫台（平烫台、模型烫台）、熨斗（电熨斗、蒸汽熨斗、吊瓶熨斗）、烧线毛机、检针器等。

包装设备有吊牌器、装袋机、压箱机、打包机等。

特殊设备有翻领机、自动开袋机、自动上袖机、机械切领机等。

3）动力设备包括供电设备、供气设备等。

4）传输设备有吊挂式传送设备、传送带式传送设备、半产品或产品的转移中的各种传送工具、筐箱等设备。

5）维修设备包括用于维修、制造等专用的各种机器、工具等。

设备要根据生产的实际情况来进行选用，对于大型服装生产企业生产服装专业性较强和生产数量多，可充分采用先进专业化设备，来保证生产的效率；对于规模小、以加工为主的小企业，可选用通常的生产设备，投资少，便于灵活改变生产形势。选用的设备要考虑经久耐用，节约能源，易于维护和保养，确保生产的质量和安全。

2. 常用设备

常用设备如图5-2～图5-25所示。

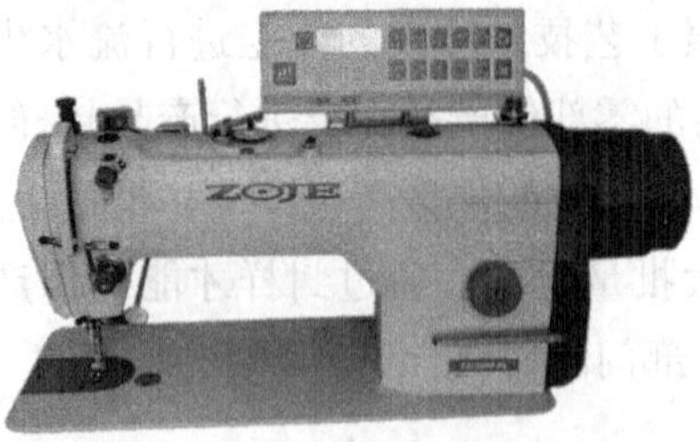

图 5-2　全自动计算机平车

图 5-3　五线包缝机

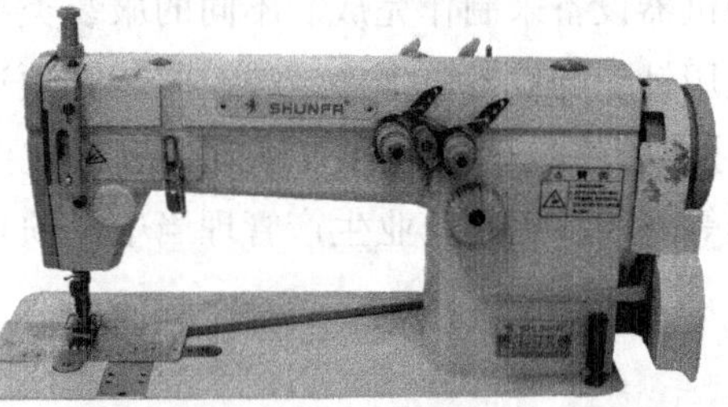

图 5-4　双针机

图 5-5　暗针机（扦边机）

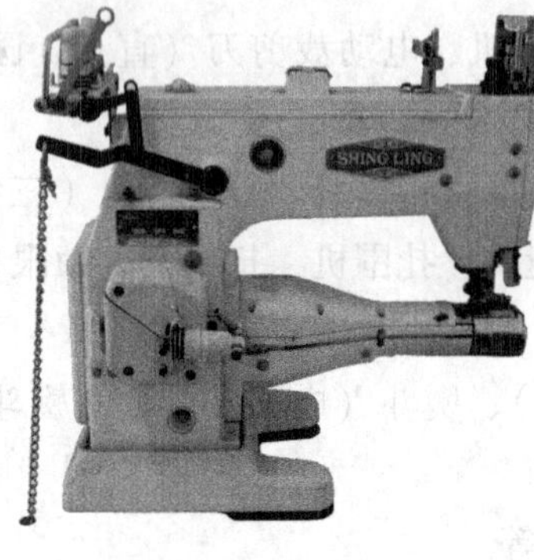

图 5-6　猪嘴绷缝机

图 5-7　平式绷缝机

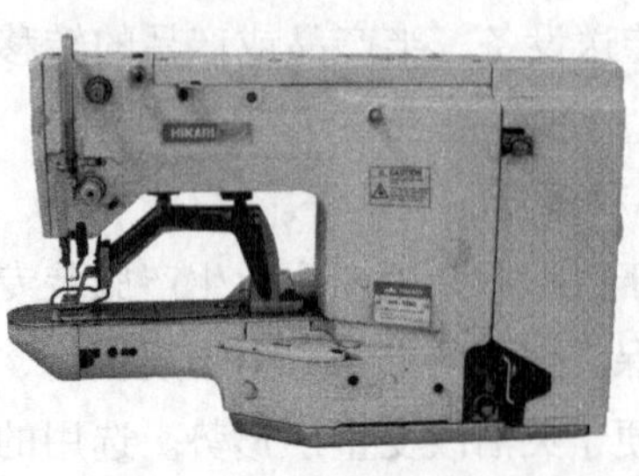

图 5-8　打结机

图 5-9　穿带机

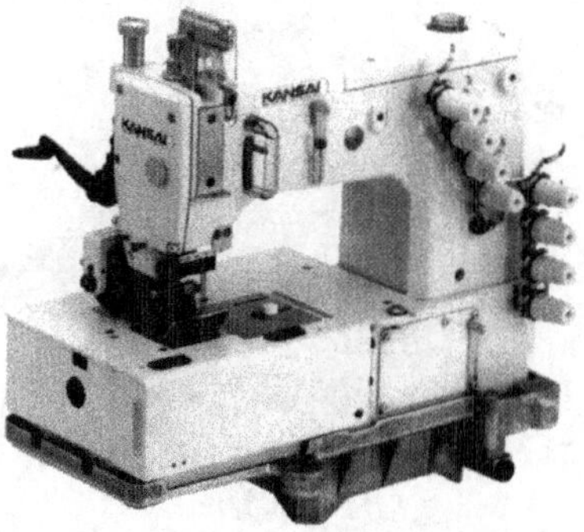

图5-10　绱腰机

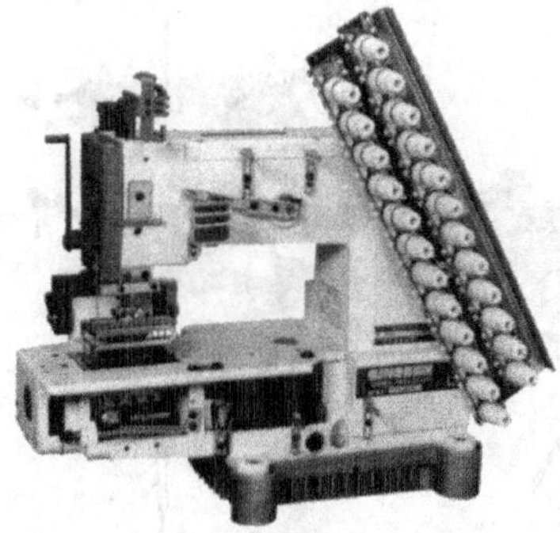

图5-11　多针机

图5-12　平头锁眼机

图5-13　钉扣机

图5-14　计算机圆头锁眼机

图5-15　铆扣机

图5-16　电裁刀

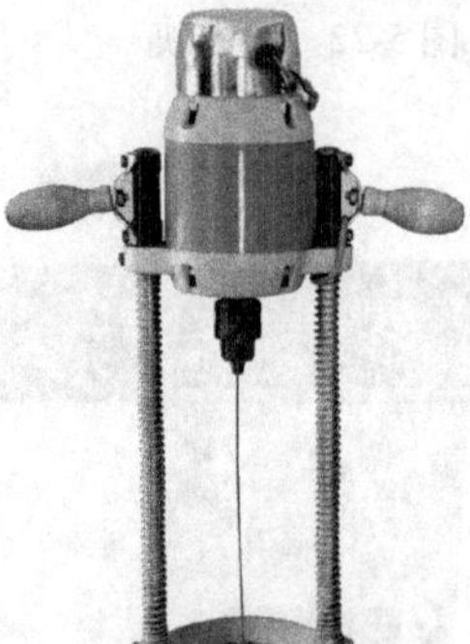

图5-17　钻孔机

图 5-18 自动断布机

图 5-19 黏合机

图 5-20 计算机自动裁床

图 5-21 检针机

图 5-22 验布机

图 5-23 吸线头机

图 5-24 熨烫台

图 5-25 熨烫定型机（裤腿）

3. 设备的维护与管理

设备是保障服装生产的物质基础，它的好坏直接影响到服装生产的效率和质量。因此，加强对设备的维护和保养是服装企业管理的重要环节。因此，企业必须制订完善的设备管理制度，来保证设备的完好率，使生产正常运行。其具体内容如下：

（1）对现有设备实施全面管理

1）整理设备资料（说明书、合格证、保修单、随机备件及工具清单等）归档。

2）建立设备使用和维修档案。

3）编制设备操作规程、岗位维护保养规程，并对生产部门的骨干进行培训，属于专业机械的还要对操作者进行培训。

4）编制设备年度检修计划、设备检修程序。

5）设备管理部门直接领导机修动力车间对动力设备和公用设备进行管理。

6）编制外出修理设备项目清单，签订修理合同，实施修后验收，必要时派员工跟踪拆装修理现场。

7）编制易损件的合理库存量。

8）设备管理部门主持第五级设备检查，督导、验收和评价下级的设备管理。

9）每月一次将整机、零配件供应商和修理情况资料交信息资料部门汇总存储。

（2）设备购置与更新　设备管理部门根据公司规划和生产经营的实际需要，每半年或总经理有指示时向总经理递交《设备购置的技术经济分析报告》，并附报《设备购置计划》。总经理应对下述资料组织论证：

1）召集设备管理部门及设备使用部门负责人讨论。

2）组织对两家以上的供应商进行询问报价。

3）必要时聘请专业人士征询意见。

通过论证要对设备的先进性、适用性、维修性、安全性、售后服务等项目作出评价记录，按照择优选定的原则，对《设备购置计划》进行审批。

设备管理部门依据批准的《设备购置计划》，跟多家供应商洽谈，货比三家，起草合同，按《合同管理制度》的规定报批。

由业务部或总经理指定的人员按照《采购控制程序》执行采购。

设备到厂后，由供应商安装试机或由我公司人员安装试机，达到预期的技术参数后，由使用部、采购部和设备部代表共同验收，并填写“设备入厂验收表”及“重点设备安装、调试记录表”。

设备管理部应对已购置的设备进行以下工作：

1）收集资料，进行分类、编号、归档，并填写“机器设备一览表”。

2）在设备上进行标识。

3）填写“设备移交清单”移交给使用部门，并按“设备使用前培训考核规定”，对设备使用部门的负责人和操作工进行培训和考核。

4）对设备运行和完好检查进行记录统计。

(3) 设备的维护与保养　设备管理部门应对整个公司的设备定期进行维护和保养，改进设备性能以满足不断提高产品质量和生产效率的要求。其具体工作内容如下：

1）编制生产设备的操作规程和维修保养规程。

2）对使用部门骨干或重点设备的直接操作者进行培训。

3）每台机器设立对应的履历档案存于公司资料室，并录入计算机。

4）每台机器设立“设备保养及维修记录卡”，注明保养项目及频次记录保养及维修的经历，记录卡一年一换。

5）每年的12月20日前编制次年的“设备检修计划”报总经理批准。

6）根据设备检修计划或设备运行记录对设备进行维护和保养，并在“设备保养及维护记录卡”上做好记录。

7）计算设备维修费用，统计备品、备件的消耗情况。

8）指导机修人员按合理路线每日巡视生产设备，发现并记录问题，及时排除。

9）必须出厂维修的设备，办理批准及出厂手续，返回时核对修理项目，验收并作记录。

(4) 设备使用部门负责工作内容

1）正确操作使用设备。

2）设备的日常维护与保养。

3）设备的现场保管。

4）设备缺陷的及时如实汇报。

(5) 设备的报废和淘汰　设备有缺陷已无法修复或技术经济指标落后需要淘汰时，由设备使用部门和设备管理部门按照“设备报废淘汰申请表”的内容依次填写处理。

(6) 设备检查组织

1）一级检查。是指岗位自查和互查，自查每日一次或以上，互查一周一次，按“设备操作规程”中的规定进行。

2）二级检查。是指班组长对岗位的检查，按“班组长职责”进行，通常分为外观检查（每日一次或以上）、性能检查（每周一次）、产品质量印证检查（随时进行）。检查结果用以考核操作者的操作和保养设备的能力。

3）三级检查。是指车间一级的组织对设备的检查，检查结果用以考核班组长及岗位设备管理工作质量。

4）四级检查。是指工厂组织的对各车间的检查，每月两次，检查结果用以考核车间主管、班组长、岗位工的设备管理和维护保养工作质量。

5）五级检查。是指由设备部组织的设备检查，用以考核工厂部、车间、班组长、岗位的设备管理工作质量。其检查方法为：

① 按照设备在册目录制订检查计划。

② 听取各方面意见后，确定重点检查的设备。

③ 对“设备保养及维修记录表”进行审阅，确定检查重点。

④ 从业务部收到的顾客质量投诉中寻找设备因素进行检查。

⑤ 组织机修人员进行全面检查。

⑥ 重点设备由主管或经公司确认有资质的人检查。

6）六级检查。是公司总经办组织的设备检查，抽查有代表性的设备。

7）七级检查。是公司最高层亲自组织的专门对重点设备的检查，检查方法由总经办决定，检查结果作为考核部门主管及以下人员的设备管理工作依据。

（四）原材料的准备

原材料是服装生产的重要条件，它的质量的好坏直接影响生产质量和生产效益。服装原材料主要包括面料和辅料两大类，常用服装面料包括梭织面料、针织面料以及皮革面料等材料，辅料包括衬料、拉链、扣、线以及标签等材料。原材料的准备主要包括服装材料的预算、购进、检验等环节。

1. 原材料预算

在原材料准备前，对所使用的原材料要进行生产中的损耗预算，作出正确的用料计算，可以有效地降低生产成本，提高效益。在损耗预算中要考虑到以下几个方面的问题。

（1）面料自然回缩　正常裁剪制作出的服装往往都会达不到正常尺寸。这是面料产生的一种自然回缩的原因，一般天然纤维和棉、毛纤维面料的自然回缩率更大。

（2）面料缩水率　面料缩水率是指面料在洗涤或浸水后收缩的百分数。面料的纤维不同、组织结构密度不同产生的缩水率不同。一般棉纤维面料的缩水率要大于其他类面料，有的缩水率甚至达到10%。

（3）疵点的损耗　一般一等品面料的疵点几乎没有，其他等级的面料就会产生不等的疵点。要根据面料的等级来计算面料的疵点带来的损耗。

（4）裁剪段耗　在裁剪铺料当中会因为技术（排料图）和设备上（段布机、裁床）的原因产生一定的损耗现象。

（5）生产中的损耗　在生产中产生的服装裁片更换和残次产品。

（6）特殊面料的正常损耗　在生产花、条、格、有倒顺毛等面料当中，会产生一定的面料损耗。

2. 原材料的复核检验

原材料在购进后投产前，要对其进行复核检验过程，从规格、数量、质量和性能进行全面核实，以确保正常生产过程。

（1）规格数量检验　服装原辅材料入库时，应按照样品或进货单标准进行等级、品质、数量、色泽的检查。布料的规格、匹长核实准确，辅料的数量要清点无误，做到不符合要求的一律不得进厂，这应该在管理制度中有明确规定。

（2）质量检验　服装面辅料在进厂时，技术部门人员应在面里料的色差、色牢度、经纬、疵点、缩率等环节进行质量检查，一定要符合生产质量要求和标准。

（3）原材料后处理　在原材料的处理中一般有预缩和整理两种。

预缩的处理一般有生产前和生产后两种，生产前预缩要对面料的缩率进行预缩，这种方法适用于生产高档服装，其各种面里料混合在一起搭配中使用的方法。对于缩率不大的面料一般在裁剪前进行面料打开在松弛状态下放置 24 小时到达自然预缩；对于缩率较大的面料应采取加湿或蒸汽预缩，在湿热两种介质下使织物得到充分预缩。生产后预缩处理要充分掌握面料的缩率，在裁剪制版中把缩率加进去，生产后在进行水洗或蒸汽预缩，最后达到服装原始型号。这种方法一般适用于此面料单独生产使用。

原辅材料整理过程有疵点、色差、矫正纬斜的处理。疵点、色差的处理要对面料进行核实归类，有规律的疵点、色差在排版时进行避让，无法避让的疵点、色差可以除去或换片。矫正纬斜可以通过手工和机器两种方法矫正。手工矫正是将面料喷湿，在纬斜的地方反方向对拉，再用熨斗烫干。机器矫正是采用专用矫正机，可以较好地调整纬纱歪斜，改善织物的外观质量。

我的收获：________________

我的疑惑：________________

项目测评：

1. 简述服装生产过程的构成。
2. 简述样衣试制的目的。
3. 简述封样的内容。

项目 6

服装裁剪过程管理

项目任务 1. 掌握裁剪分配方案的制订。

2. 掌握工业排料的工艺要求及方法。

3. 掌握铺料的要求和裁剪方法。

工具箱 同学们需要准备制图工具和制图纸。

身边事

艾芙的第一份工作是从裁剪车间开始的。裁剪车间里的裁剪台可比学校的大多了，真是让她大开眼界。

排料是艾芙在学校学习过的课程，“终于可以大展身手了。”艾芙想。与学校学习的排料不同的是，工厂里的裁剪是大批量进行的，而学校学习的只是单件服装的排料方法，因此大有不同。但是艾芙的师傅对艾芙的学习能力和钻研程度给予了很高的评价，这让艾芙增强了信心。

一、裁剪部基本的设施与配备

裁剪工程的主要任务就是将各种面料、里料、配料、衬料等原材料按照服装样板裁剪成服装裁片，以供给缝制车间使用。裁剪工作是成衣生产过程中的第一道工序，也是生产过程中的重要环节，其质量、数量一旦出现问题，会直接影响后面的各个生产环节，会给生产造成重大损失。因此，裁剪部的工作任务重，工作必须严格按照生产要求作业，确保产品质量。

裁剪部的设施根据自身具体生产情况来布置。一两条生产线四五十人的规模安排一组裁剪设施即可：一张裁床、几个放活儿架、一把裁刀、一把钻眼机、一台断布机。规模大的可根据具体生产线和人员来具体安排设施。有条件的可增加裁剪设备和特种设备，如自动铺料机、计算机裁剪机等。

裁剪部的布置一般按裁床布置，裁床的宽度一般在1.6 ~1.8m，长度一般要根据车间的安排，尽量越长越好，最短在8 ~ 10m。裁床布局一般四周一圈都留有能够通过一个人的距离，这样工作起来方便、快捷。没有那么大车间至少也得安排三面能过人。一般布局如图 6-1 ~ 图 6-3 所示。

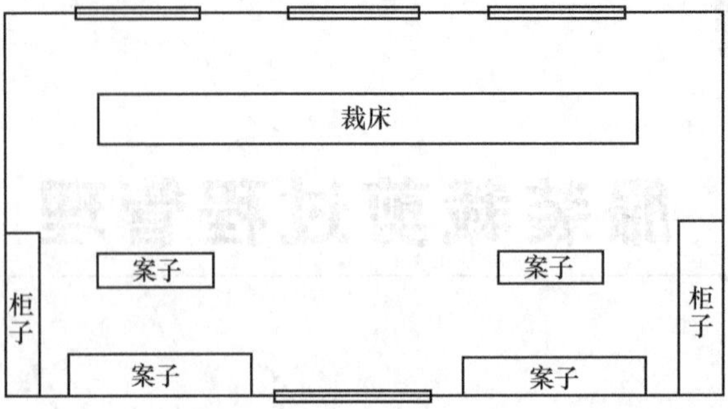

图 6-1　裁剪车间布局

图 6-2　裁剪车间实例 1

图 6-3　裁剪车间实例 2

二、裁剪部工作人员的配置

1. 裁剪部主管

裁剪部主管负责编制生产单的裁剪方案、调配和督导部门员工实施工作，确保裁剪工作质量，与上级主管和各个生产部门互相联系协调。

2. 排料员

排料员负责制作和复制1:1的排料图与各种排料工作。

3. 拉布员或铺料员

拉布员或铺料员负责将面料按工艺要求一层层铺放在裁床上。

4. 裁剪员

裁剪员负责将铺好的面料按排料图样裁剪成裁片。

5. 打号员与捆扎员

打号员与捆扎员负责将一叠叠裁片进行每片打号以备生产使用，最后进行分类捆扎，将一个款式、一个型号的裁片捆扎在一起。

在大型服装企业，以上裁剪人员都需配置到位，充分保障生产所需。在个体或小型服装加工厂里，也许裁剪部只配置两三名员工，有的身兼数职。如主管还负责排料、裁剪，拉布员还负责打号、捆扎、整理等工作。不论各个服装生产企业怎样安排裁剪人员，都必须考虑到是否能够保证生产车间生产的连续性，不能造成裁剪供不上生产的停工、等裁片现象。

三、裁剪部工作内容的确定

各类服装企业的裁剪部工作量各有不同，有的企业生产产品单一，员工少，裁剪部的工作量就小。有的企业对应外贸出口和自主品牌生产，对应的裁剪部生产工作量就大，这样裁剪部会采用工序化和专业化程度的方式来进行生产，提高工作效率。不论怎样的生产规模，裁剪部的工作内容基本都是相同的，总结以下几项工作内容：

（一）制订裁剪分配方案

裁剪分配方案俗称“分床”。裁剪分配方案制订得好与坏，直接影响到裁剪的效率和材料的有效利用。所谓裁剪分配方案就是把一批订单中的服装数量、规格和颜色合理地进行分配组合，制订出裁床次数少、材料损耗低的最佳方案。裁剪分配方案的内容包括：制订出裁床数量；每床的排料方式（单跑、双跑、规格、数量、颜色搭配）。

1. 制订裁剪分配方案的原则

（1）符合生产条件　制订裁剪方案时要考虑到本裁剪部的实际生产设备情况，排料的长度和铺布的层数应考虑本部裁床的长度和裁剪设备达到的厚度以及面料的质地。比如，裁床长度是12m，排料的长度就不能按12m来进行，最少要留出2m左右的空余来进行铺布、断布等操作活动。因此排料长度最长在10m左右。

（2）节约用料 使用任意套排和双跑的形式是节约用料的有效途径。

（3）提高生产效率 通过尽量增加铺料长度和层数，以及尽可能采用先进设备的操作方式来提高生产效率的目的。

（4）符合均衡生产的要求 对于生产规模较大的企业情况，多种规格、多种颜色就要考虑把多种规格和颜色互相搭配裁剪，以保证各种颜色和规格的产品统一生产出来。

2. 裁剪分配方案的制订方法

（1）比例法 某一订单规格、数量、颜色如下：

	S	M	L	XL	XXL	
蓝	240	480	480	480	240	
红	200	400	400	400	200	总数 3520 件

方案一：一床一张排料图就可以完成此订单裁剪分配方案如下：

		S	M	L	XL	XXL	
排版件数		1	2	2	2	1	总数 8 件
铺料层数	蓝	240 层					
	红	200 层					总数 3520 件

方案二：两床两张排料图完成此订单裁剪分配方案如下：

第一床：	S	L	XXL	
排料件数	1	2	1	总数 4 件
铺料层数	蓝	240 层		
	红	200 层		总数 1760 件
第二床：	M	XL		
排料件数	2	2		总数 4 件
铺料层数	蓝	240 层		
	红	200 层		总数 1760 件

以上两种分配方案是根据订单的规格数量成正比的情况来进行分配的，这种订单的裁剪分配方案一般比较容易分配。

从以上两种方案可以看出，订单的分配方案可以有多种，但根据裁剪分配方案的原则来讲适合自身情况的只有一种。在方案二中可以看出在排料安排上尽量使小号和大号安排在一床，这样在排料当中会节约面料的使用率。

（2）分组法 某一订单规格、数量如下：

S	M	L	XL	XXL	
400	800	900	250	250	总数 2600 件

方案如下：

第一床	S	M	L	
排料件数	1	2	1	总数4件
铺料层数	400层			总数1600件
第二床	L	XL	XXL	
排料件数	2	1	1	总数4件
铺料层数	250层			总数1000件

以上裁剪分配方案是根据订单数量的分配比例规律，把其中的数量拆分开看与其他数量相等或成比例来进行分组分配。

（3）加减法　某一订单规格、数量如下：

S	M	L	XL	XXL	
30	59	61	65	29	总数244件

方案如下：

第一床	S	XXL		
排料件数	1	1		总数2件
铺料层数	30层			总数60件（XXL多1件）
第二床	M	L	XL	
排料件数	1	1	1	总数3件
铺料层数	60层			总数180件（M多1件、L少1件、XL少5件）

以上裁剪分配方案运用加减的方法对数量进行调整，达到相应数量相等再进行分配。一般裁少别裁多，多出的大号最后可以补改缺的小号。

裁剪分配方案实例：

有一成衣订单，其规格及数量如下：

S	M	L	XL	XXL	
300	600	900	600	300	总数2700件

平均每件裁剪单耗料为1.5m，裁床长度有18m和6m两种，每床最多可铺料300层，分别制订出裁剪分配方案。

解一　根据18m裁床的方案一床即可：

	S	M	L	XL	XXL	
排料件数	1	2	3	2	1	总数9件
铺料层数	300层					总数2700件

此方案其优点为：

1）减少布头位损耗。

2）节省拉布和裁剪的准备时间。

3）作业效率高。

其缺点为：

1）占用空间大。

2）需要拉布机等专用设备，投资成本高。

3）布匹不能太短，色泽较难控制。

4）如人工拉布需要人员较多，作业难度较大。

解二 根据6m裁床的方案分三床：

第一床	S	L	XXL	
排料件数	1	1	1	总数3件
铺料层数	300层			总数900件
第二床	M	L	XL	
排料件数	1	1	1	总数3件
铺料层数	300层			总数900件
第三床	M	L	XL	
排料件数	1	1	1	总数3件
铺料层数	300层			总数900件

此方案的优点为：

1）裁床长度短，设备投资成本较小，占地面积少。

2）布匹长度好控制。

3）所需人员较少。

其缺点为：

1）床次较多，生产效率低。

2）布头位损耗量较大。

（二）排料工艺

排料是根据裁剪分配方案将样板在纸上或面料上进行合理排列的过程，用料控制在单耗之内，每床一张排料图。科学、合理地排料能节约材料和降低成本，排料是生产中的重要环节，如图6-4车间实例所示。

1. 排料的基本知识

1）凡左右对称的衣片，通常只有一个样板。排料时需正反各排一次。

2）注意面料拉布要求，分单跑、双跑排料。

3）排料图总宽度，应使之下布边及左右长度留出1cm，上布边留出2cm左右为宜。

4）特别注意丝绺是否正确，花、格、条、图案是否满足要求。

5）先排最大、最长的样板，剩余的空间才放碎小样板。

6）重复检查排料图，不能有任何遗漏。

7）每一衣片都注明规格。

图6-4　排料实例

2. 排料方式

排料方式一般分为顺排和任意套排。顺排排料就是将衣片样板都按同一个方向排列，这种排料方式主要是针对有倒顺毛和上下花纹图案的面料进行的。任意套排针对的面料没有任何要求，可以将衣片样板进行任意排列。其具体形式如图6-5～图6-7所示。

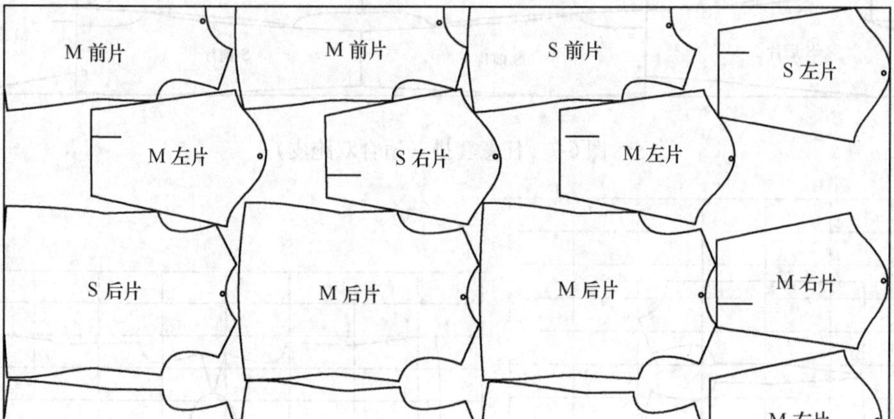

图6-5　顺排

条格面料排料方式如图6-8～图6-10所示。

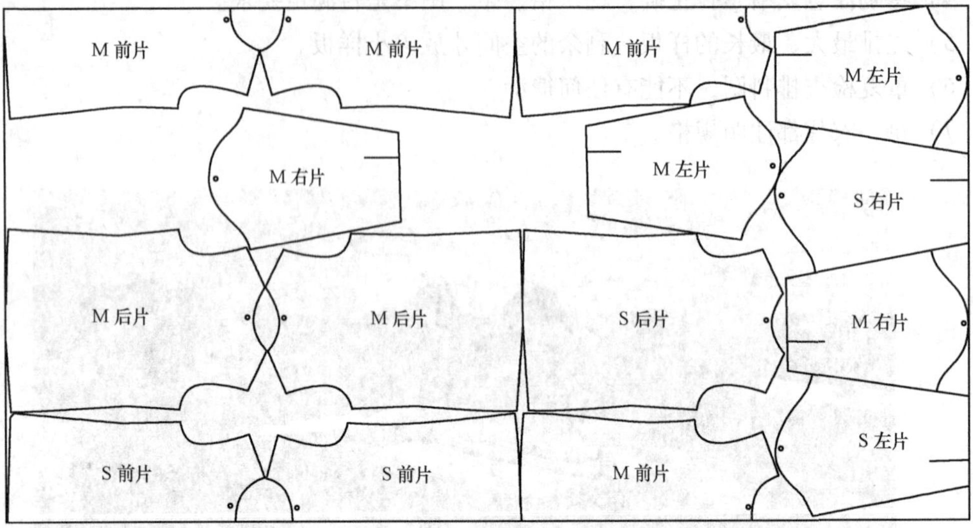

图 6-6 对称套排（适合单跑皮、双跑皮）

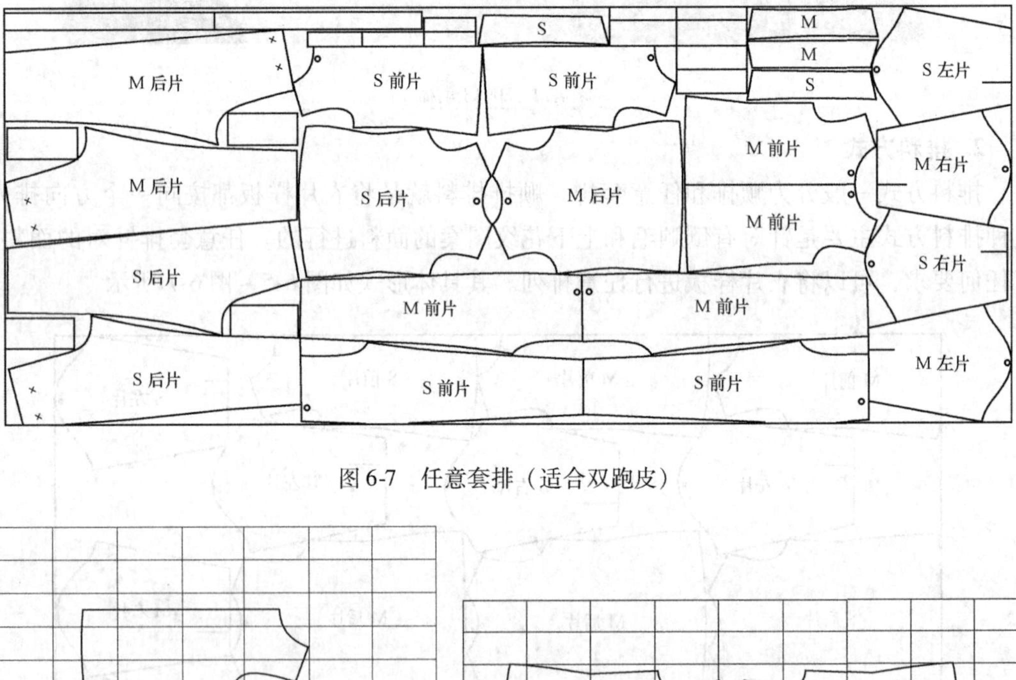

图 6-7 任意套排（适合双跑皮）

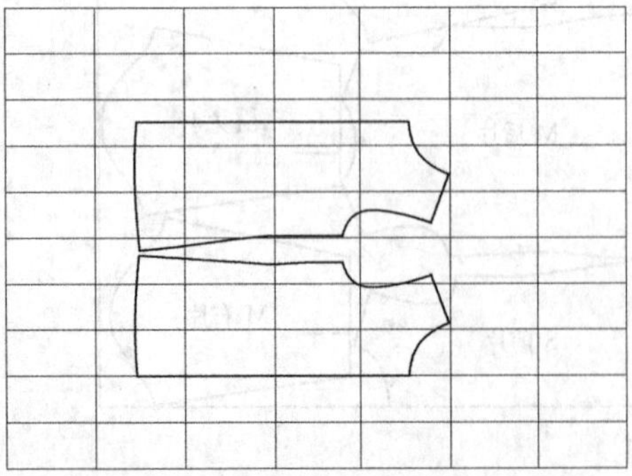

图 6-8 横向同序、纵向异序

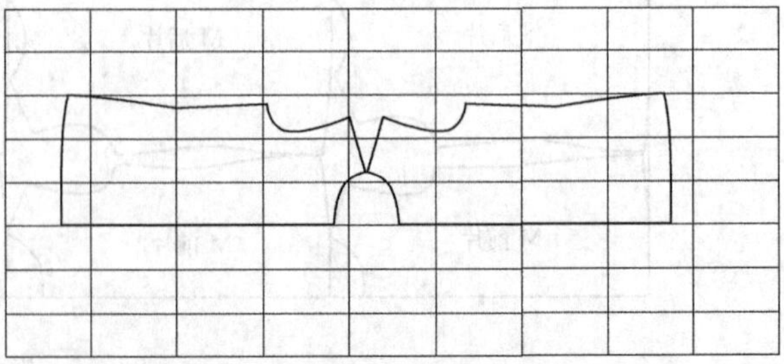

图 6-9 横向异序、纵向同序

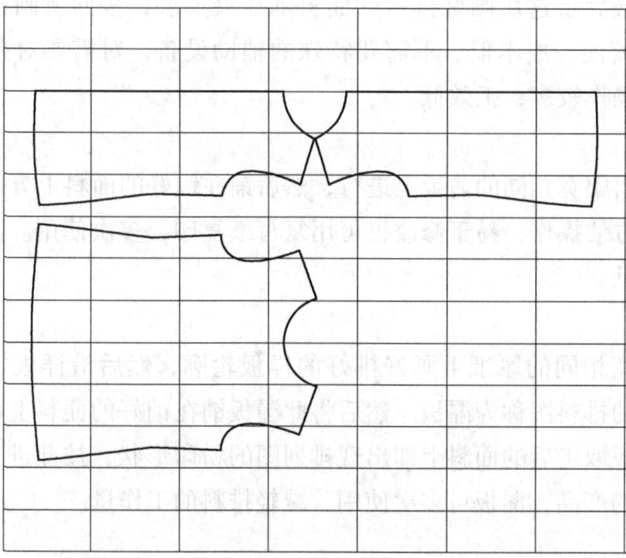

图 6-10　横向同序、纵向同序

特殊面料的对称排料形式如图 6-11 所示。

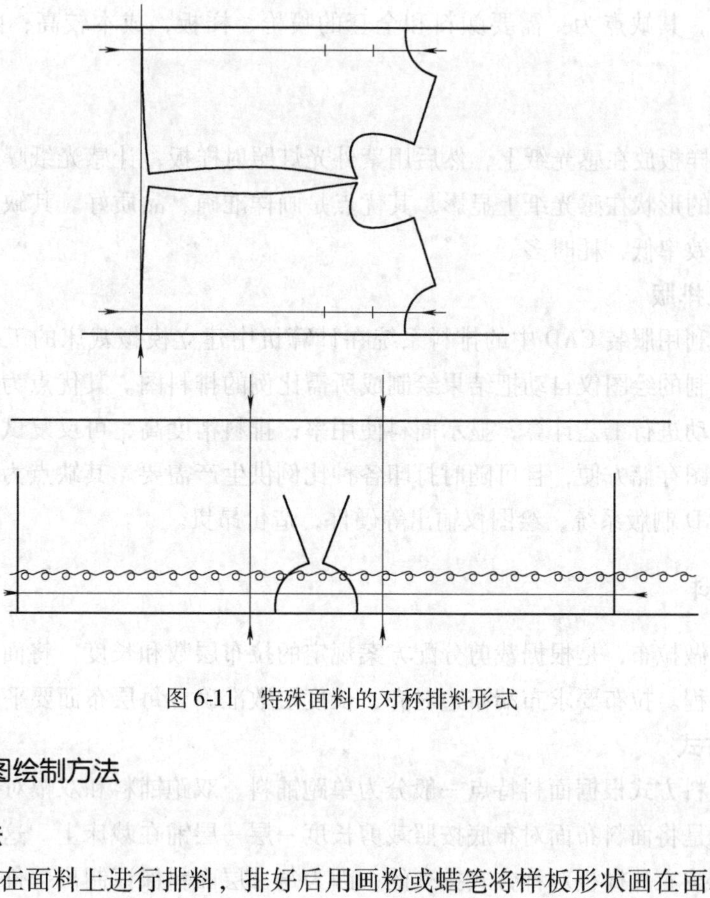

图 6-11　特殊面料的对称排料形式

(三) 排料图绘制方法

1. 直接画法

将样板直接在面料上进行排料，排好后用画粉或蜡笔将样板形状画在面料上。按照这块画好的皮长铺布，最后将这块画好排料的面料铺在最上层，按照所画样板轮廓进行裁剪。其优点为：操作简便，成本低、不需要特殊的辅助设备，对需要对条格面料尤为适用。其缺点为：人工操作较多，工效低。

2. 复写纸法

排料在一张与面料幅宽相同的薄纸上进行，然后铺在铺好的面料上方按照样板轮廓进行裁剪。其优点为：方便操作；易于修改；可用复写纸复印，多次使用。其缺点为：使用纸张耗材多，工效较低。

3. 漏板法

在一张与面料幅宽相同的厚纸上画好排好的样板轮廓，然后沿样板轮廓扎出许多小孔，这张由小孔组成的排料图称为漏板。然后将此漏板铺在铺好的面料上面，沿着小孔喷粉或用刷子刷粉，漏板取走后的面料上即出现排列图的粉印形状，按此进行裁剪。此方法适用于生产较大批量的产品，漏板可多次使用，减轻排料的工作量。

4. 喷墨法

该方法是将样板直接在面料上排好后，用金属丝框架固定，然后把颜料喷在上面，样板移走后，因放置样板处没有颜料，四周的面料上被涂满颜料，所以排料图在面料上清晰可见。这种方法多用于格子面料上，纸样可以根据格子图案来排列。其优点为：效率高，衣片轮廓清晰。其缺点为：需要颜料和全套的喷枪、样板，成本较高；面料和裁片易受污染。

5. 影印法

将排好的样板放在感光纸上，然后用紫外光灯照射样板，让感光纸曝光，最后用氨蒸气熏，使样板的形状在感光纸上显影。其优点是画样准确、品质好。其缺点为所需设备纸张比较昂贵，效率低，耗时多。

6. 计算机排版

此方法是利用服装 CAD 中的排料系统在计算机中建立模拟裁床的工作环境，排好料后由计算机控制的绘图仪自动把结果绘制成所需比例的排料图。其优点为：速度快、效率高；计算机自动进行工艺计算，显示面料使用率；排料精度高，可反复试排，可提高面料使用率；排料图存储方便，且可随时打印各种比例供生产需要。其缺点为投资成本大。需要计算机、CAD 制版系统、绘图仪输出等硬件，造价昂贵。

（四）铺料

铺料也叫做拉布，是根据裁剪分配方案规定的拉布层数和长度，将面料一层层地铺放在裁床上的过程。拉布要求布端布边对齐，长度层数准确，每层布面要平整。

1. 铺料方式

面料的铺料方式根据面料特点一般分为单跑铺料、双跑铺料和双幅对折铺料。

单跑铺料是将面料布面对布底按照裁剪长度一层一层铺在裁床上。这种铺料方式必须要求排料图是按衣片样板对称方式排列的，因为每一层面料保证制出一件服装，如图 6-12

和图6-13所示。

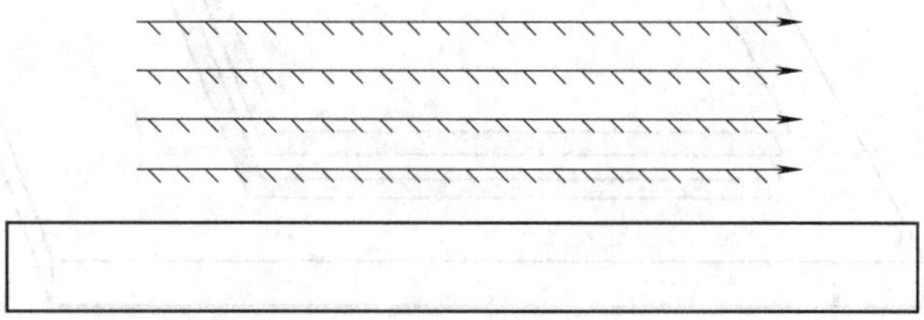

图6-12　单跑（毛羽方向一致）

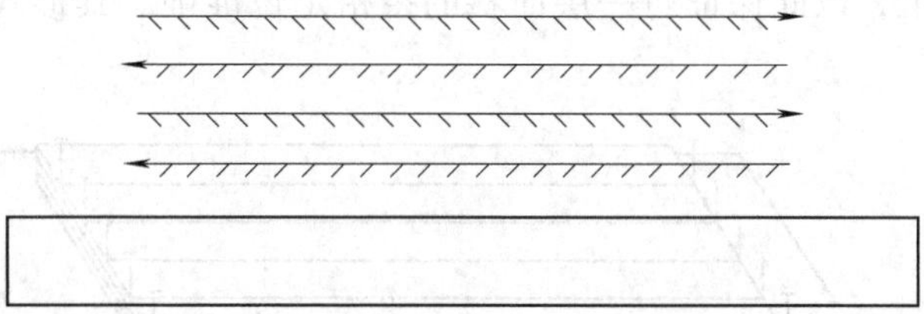

图6-13　单跑（毛羽方向不一致）

双跑铺料是将面料布面对布面按照裁剪长度一层一层铺在裁床上。这种铺料方式的排料图可以采用任意套排的形式排列，容易节省面料，如图6-14和图6-15所示。

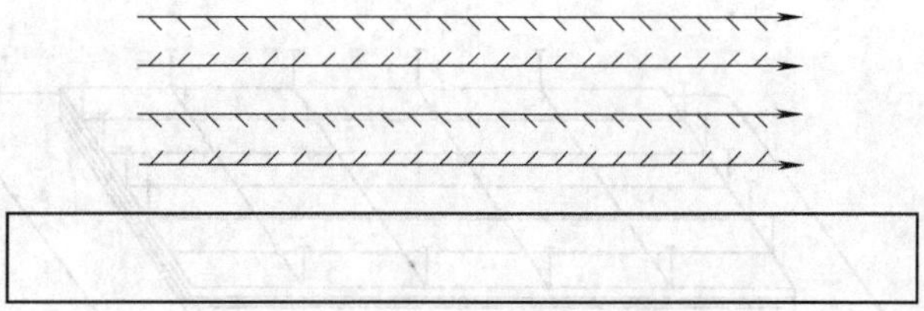

图6-14　双跑（毛羽方向一致）

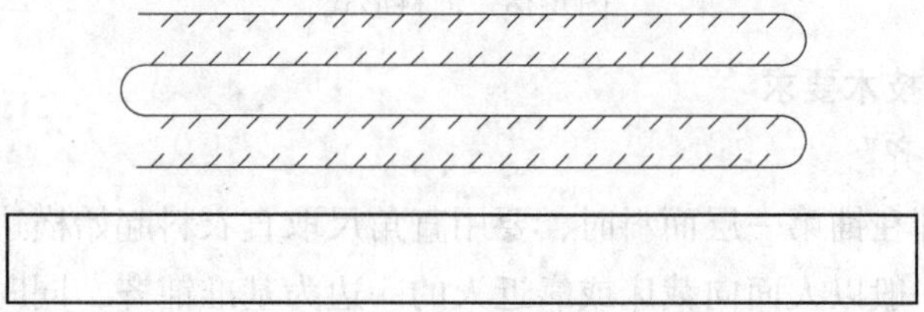

图6-15　双跑（毛羽方向不一致）

双幅对折铺料是将面料沿中央经向对折、布面对布面的铺料方式。布幅特宽和格子、宽条子面料适于采用这种方法。双幅对折铺料如图6-16所示。

2. 条格面料的铺料方式

对于条格面料，在铺料当中最为复杂。特别满足制成的服装达到对条格的要求，在铺料时必须保证各层面料的经纬格准确定位，因此在铺料时大多采用定位针法。在铺料时，根据面料的条格距离或每隔出一段距离，在裁床上置一定位针，将每一层面料相同的条格

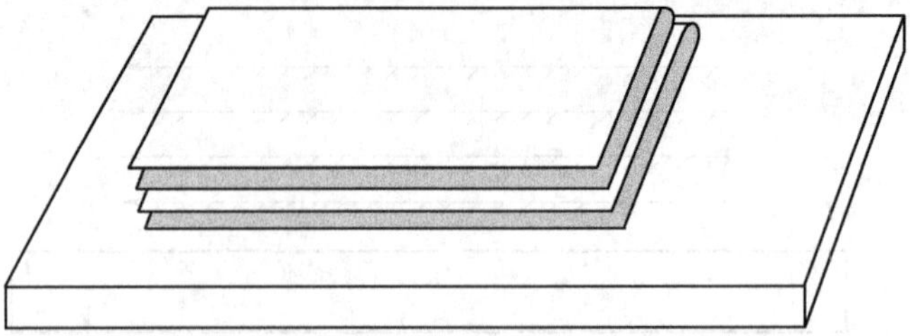

图 6-16 双幅对折铺料

铺置在同一定位针上，以此保证每一层面料的条格定位准确。其形式如图 6-17 和图 6-18 所示。

图 6-17 铺料形式一

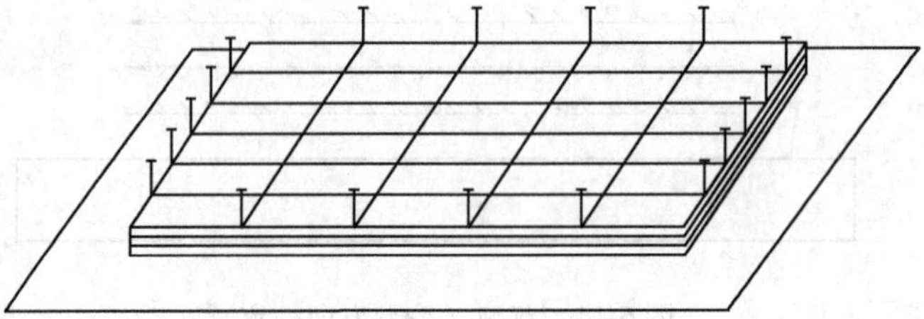

图 6-18 铺料形式二

3. 辅料的工艺技术要求

（1）做到“四齐”

1）起手齐。即在铺第一层面料时，要用直角尺取直衣料起始横边。

2）两边齐。一般以人面向裁床或靠近人的一边为基准铺齐，同时铺齐另一边。

3）接头齐。即面料衔接要对齐事先画好的衔接标记。

4）落手齐。同起手一样，铺料到所要长度剪断时，要剪直、剪齐、放齐。

（2）布面平整 保证每一层面料平整，否则衣片将变形，影响制作效果。

（3）方向一致，符合要求 对明显正反面或具有特殊方向性的面料，铺料时严格按工艺标准进行铺料，确保铺料正确。

（4）对正条格和图案 对有条、格、花纹和图案的面料，应保证或突出设计效果，在设计排料图和铺料时，要注意对正条格和图案。

（5）铺料的层数要准确 在铺完料时，一定要再数一到两遍确保数量准确无误。

(6) 铺料长度要准确，两头整齐　一般情况下，铺料长度 = 画样长度 + 两头预留量（损耗）。两头预留量主要取决于面料的内应力，铺料后拉力消失，由于内应回缩力，面料产生一定的回缩。另外，两头预留量还与面料的薄厚、面料松紧度、铺料工技术等有关。通常毛呢、涤卡、府绸等面料两头预留量为 1 ~ 1.5cm，绒布、灯芯绒和较薄松面料两头预留量为 1.5 ~ 2cm，矫正过纬斜的面料可略多加放些。裁剪车间实例如图 6-19 和图 6-20 所示。

图 6-19　裁剪车间实例一

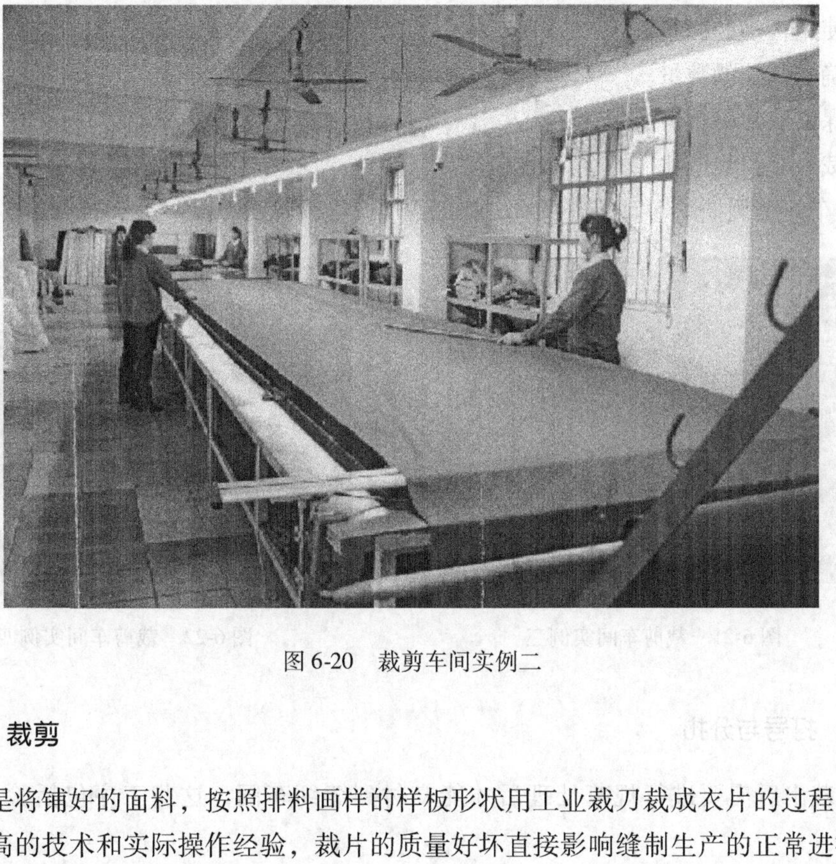

图 6-20　裁剪车间实例二

（五）裁剪

裁剪是将铺好的面料，按照排料画样的样板形状用工业裁刀裁成衣片的过程。裁剪推刀需要较高的技术和实际操作经验，裁片的质量好坏直接影响缝制生产的正常进行。因此裁剪一定要按照严格的技术规范进行操作。其内容如下：

1. 裁剪前做好准备工作

裁剪前要仔细核对排料图，检查衣片数量、定位标记有无遗漏，画样线迹是否清晰，如看不清楚及时与技术人员或排料人员联系，一定做到心中有数，准确无误。

2. 保证衣片尺寸精确

裁剪下来的衣片一定要和样板相符，顺直、圆顺，切口整齐光洁。确保衣片尺寸的精确。

3. 定位标记准确

按照裁片的要求，衣片上的兜位、省位等需要钻眼、打刀口，一定要准确清楚。钻眼一定要钻透面料，刀口长度一般为0.3～0.4cm。

4. 先小后大

在裁剪过程中，先裁小片，后裁大片。反之，如果剩下小片面积小不容易掌握，会影响裁剪质量。

5. 控制裁刀避免错动

裁剪时一定要保持裁刀平稳，一手推动裁刀，一手按牢布层，严格按住画样线迹进行裁剪。压服布层用力要柔和，不能使各层面料产生错位，造成各层衣片尺寸偏差。

确保裁片的质量，必须遵循以下条件：

1）使用正确的面料。

2）确保裁片的数量。

3）保证裁片的裁剪质量。

4）裁片交付规范化。

裁剪车间实例如图6-21和图6-22所示。

图6-21 裁剪车间实例三

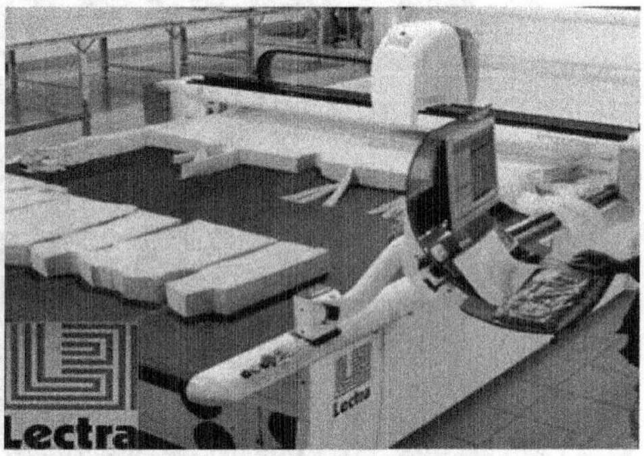

图6-22 裁剪车间实例四

（六）打号与分扎

裁片裁出后需要进行规范处理后才能交付到缝纫车间，这些工序包括验片、打号、分扎。

1. 验片

验片是为了保证下一道缝制环节的正常运行，检验出不合格的裁片，及时修正或更换，避免不合格产品的出现。

验片。首先，检验裁片的规格，将第一层裁片和最底层裁片进行比较，检验规格是否一致，因为在裁剪过程中面料容易错位，发现问题及时修正。

其次，在主要衣片中逐层翻验，检验衣片有无疵点，及时更换。

再次，检验对条、对图案和倒顺毛是否符合工艺要求。

2. 打号

打号就是根据铺布记录，将裁片的款号、床次、规格、层数编号等一系列指标注明，并一一打印在对应的裁片上。保证同一层数编号生产出同一件产品，确保色泽一致。编号要认真、仔细、准确，不能编错、漏编、编重。

打号方法：

1）以一匹面料中的同款、同规格为基本单位打票。其特点为效率高，必须保证同一匹布色泽一致，无色差。

2）以一张面料中的同规格衣片为基本单位打票。即同一件衣服的所有衣片为同一编号，均出自同一层面料。其特点为效率高，工作量大。

3. 分扎

成衣批量生产中，衣片数量不计其数，在生产过程中，为便于依据具体生产进度将衣片运输分配到各个生产线上，应对衣片要进行分组、分批捆扎。

捆扎原则：

1）将一叠叠的裁片按颜色、编号、尺码、规格、数量和床次分成一扎扎。

2）将每扎裁片按颜色、尺码、编号、规格、数量、床次详细写明在工票上。

3）将工票附于每扎裁片上。生产组长负责工票的保存整理，用于生产安排和计算工序。

4）一扎扎衣片可以捆扎，用储物筐搬运。

我的收获：____

我的疑惑：____

项目测评：

1. 简述裁剪部主要负责的工作。

2. 裁剪分配方案作业。

（1）某一订单规格、数量如下：

S	M	L	XL	XXL
150	300	600	450	300

每床最多可排6件服装，最多铺布150层。计算最佳分床方案。

（2）某一订单规格、数量如下：

S	M	L	XL	XXL
200	300	500	400	300

每床最多可排4件服装，最多铺布300层，计算最佳分床方案。

（3）某一订单规格、数量如下：

S	M	L	XL	XXL
19	28	55	40	20

无需考虑生产条件，计算出最佳的分床方案。

3. 工业排料作业。

（1）要求合理制出三件男衬衣（40 码、41 码、42 码）的工业排料图（面料幅宽 112cm，单跑皮排料形式）。

（2）合理制出三条男西裤（165 码、170 码、175 码）的工业排料图（面料幅宽 145cm，双跑皮排料形式）。

项目 7

服装缝制过程管理

项目任务 1. 了解车间的基本布局。

2. 了解服装生产的类型。

3. 掌握流水线生产的组织安排，如何达到最优化。

工具箱 同学们需要准备制图工具和纸张。

身边事

两周后，艾芙的工作被调到缝纫车间，同样的车间在工厂里可不止一个呢。面积和规模也比裁剪车间大很多，人员也更多。但是所有的员工都各司其职，工作起来井井有条。

当工长给她安排工位时，艾依就好好观察了一下各个工位的安排，为什么要这样安排呢？

艾芙所在的车间负责生产的是一款外贸订单西服裙，这个款式也是艾芙在学校学习时制作的第一件成衣，她对自己的工作能力很有信心。不过这次艾芙受到了打击。因为没有熟练地掌握机器的性能，导致她所在的工位生产流通不畅，形成了积压，同时也影响了整个生产小组的生产速度。工长临时调整了工位，才解决了这场危机。事后，艾芙找到工长，仔细询问了关于生产线工作的要求，终于明白了流水线作业与单件成衣生产的不同。

一、服装缝制生产的组织

缝制工程是服装企业生产最重要、复杂的环节。因为在这道环节工序复杂，需要的人员多，有效地组织与管理是提高生产效率的重要保证。其主要工作是对要生产的服装进行工序的合理安排，确定缝制设备配置方案，制订出生产流程标准，安排最佳生产流程小组，从而达到缝制生产的高速、高效、高质量的管理目的。

（一）服装生产类型

服装生产组织有多种形式，有的服装企业安排工人一人独立完成整个缝制过程，有的是按照服装的缝制工序由多名甚至数十名工人流水生产。因此按照服装的缝制方式可以分为三种生产形式。

1. 单独生产

单独生产即由工人自己领取一批裁片，按照服装的生产工艺独自完成整件服装的缝制过程。一些特殊工序（锁眼、钉扣、整烫、包装等）除外。

其生产形式的优点：

1）投资少，车间只需要设置平缝机、包缝机等少量设备，对车间的空间没有太大的要求，机器可以任意摆放。

2）在制品数量少，管理工作简单。

3）款式品种多的情况下生产转换快，灵活性高。

其生产形式的缺点：

1）工人个人生产技术水平要求高，支出大、成本高。

2）每个人的生产水平不一致，会造成服装质量不统一。

3）不适合承接大单生产。

2. 分工生产

分工生产是把服装的生产工艺分成若干个工序，分给几名或十几名工人，每个工人针对自己的生产工序负责，一道道工序加工而成的过程。

其生产形式的优点：

1）对工人的生产技术要求整体不高，生产形式灵活。

2）整个生产分小组进行，管理较容易。

其生产形式的缺点：

1）生产周期长，生产的时间平衡很难控制，会出现瓶颈现象。

2）不能达到设备的专业化，生产效率低。

3. 精细化分工生产

精细化分工生产即按照服装生产工艺分成细化工序，由数十名或数百名工人操作完成。有的甚至安排数名工人完成一道工序。

其生产形式的优点：

1）机器设备专业化程度高，生产效率高，产量大。

2）质量好控制，稳定性强。

其生产形式的缺点：

1）设备投资成本大，厂房车间要求一定的空间。

2）生产工人较多，分工精细，管理需要更高的水平。

3）生产周期长，灵活性差。

（二）服装缝制生产工序的类型

（1）缝制工序　按照服装的缝制工艺流程分成若干道缝制工序，它是服装缝制生产安排最基本的工序，工序安排的好坏直接影响服装的整体质量。

（2）检验工序　对缝制工序点进行质量和数量的检验，一般对主要或复杂的工序着重检验。检验工序对服装质量控制起着关键的作用。

（3）运输工序　车间对车间，工序对工序，服装半成品或成品在各个工序之间的传递过程。

（4）储存等待工序　由于组织管理或服装的特殊工艺等原因而安排的储存、等待过程。

在缝制生产工序的分配中，一定要考虑自身生产的情况，做到人员和设备满负荷，提高生产率水平。

（三）服装生产产品流动方式

在服装缝制生产中，从裁片进入缝制车间到生产出成品所需的时间为生产时间，但真正用于缝制加工的时间只是一小部分，大部分时间都消耗在裁片或半成品的传递、等待和闲置的状态。因此，怎样缩短半成品传递的时间，增加生产时间，是每个服装企业都要考虑的问题。其对于提高生产效率、降低成本是至关重要的环节。

产品在工序间的流动方式有三种，不同的流动方式所用时间不同。

（1）顺序移动方式　顺序移动方式是指一批半成品在前道工序上全部加工完毕后，再整批送到下一道工序加工的移动方式。这种加工管理方式比较简单，使用人员较少，但加工时间长，生产周期长。因此适合小批量、人员少、单独生产的加工企业，如图 7-1 所示。

（单位：min）

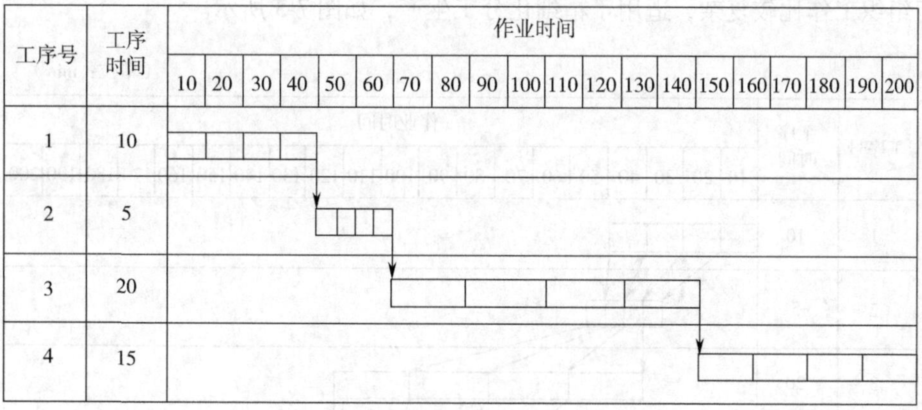

图 7-1　顺序移动方式示意图

（2）平行移动方式　平行移动方式是指一批在制品，在上道工序加工完一个部件以后，立即转入下道工序加工，而无需等待整批加工完后，才向下道工序移动的一种组织生产方式。这种移动方式的缝制时间最短，在机的半制品数量最少，可以节省流动资金。但是在生产中当下道工序的加工时间小于上道工序的加工时间时，有停工待料现象，但这种停工时间不好利用，还有运输工作量因相对频繁而加大。此方式适合中小批量的分工化生产，如图 7-2 所示。

（单位：min）

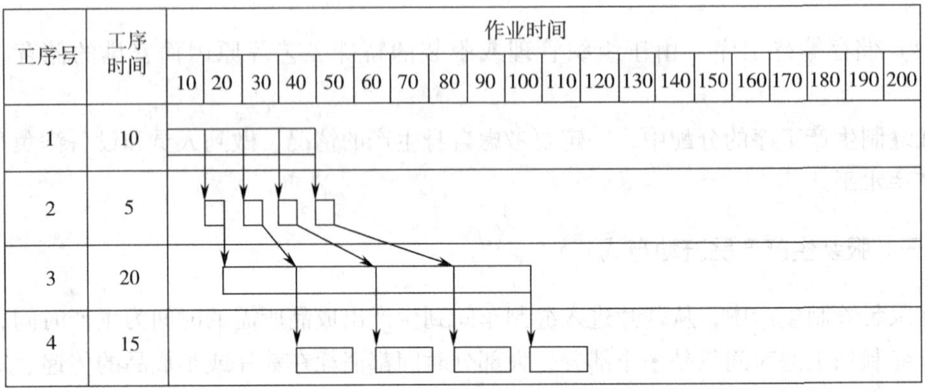

图 7-2 平行移动方式示意图

（3）平行顺序移动方式 平行顺序移动方式是平行移动方式和顺序移动方式混合的组织生产的方式。采用这种移动方式，当前道工序的加工时间小于或等于后道工序的加工时间时，按平行移动的方式移送；当前道工序的加工时间大于后道工序时间时，后道工序开始加工第一件在制品的时间，比前道工序加工完第一件制品的时间要往后移。后移时间的长短，以保证该工序能够连续加工该批制品为原则。这样，既可以防止下道工序时开时停的现象，又可以把工作地的间歇时间集中起来加以利用，使设备和工人都有较充足的负荷，但组织工作比较复杂，适用于精细化分工生产，如图 7-3 所示。

（单位：min）

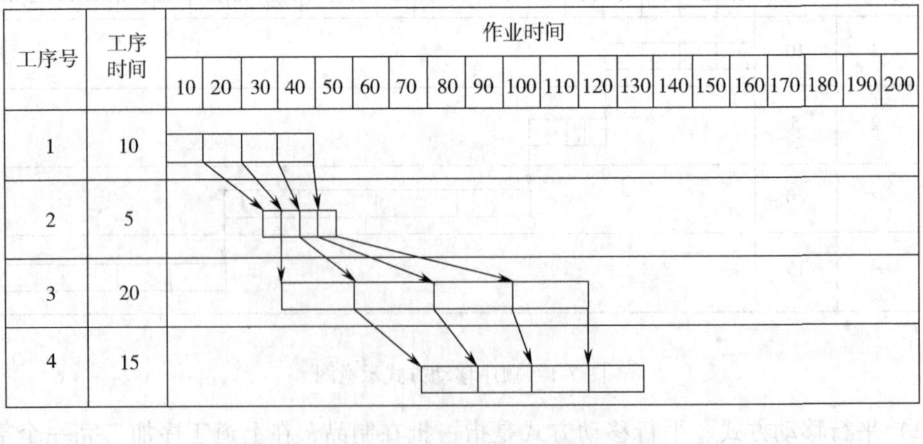

图 7-3 平行顺序移动方式示意图

（四）半成品的传递方式

1. 捆扎式的传递方式

将产品的裁片按照颜色、号型一扎扎捆成一捆，放置储物筐或箱，按照缝制工艺顺序进行半成品的工序传递。传送主要靠人工操作，如推车、储物筐、放台、流水槽等工具。此方式生产投资少，管理简单，容易操作，但是浪费生产作业时间，如图 7-4 所示。

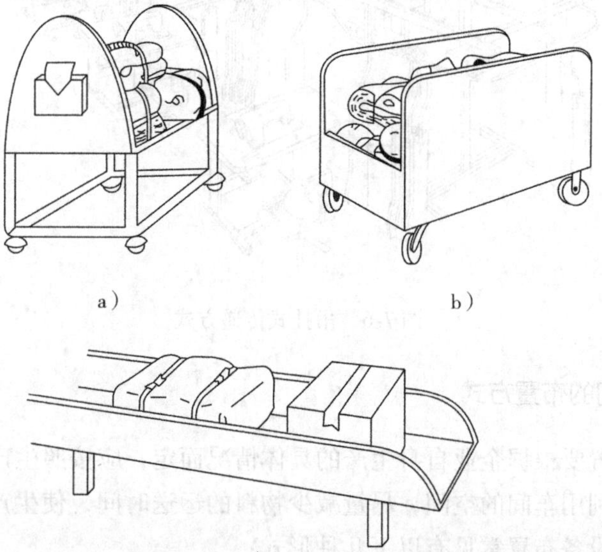

a） b） c）

图 7-4 捆扎式传递方式

2. 传送带捆扎式传递方式

产品工序间半成品移动上道工序到下道工序由一条传送带传递，此系统分为单向和双向两种方式传递，如图 7-5 所示。

3. 吊挂式传递方式

吊挂系统包括机构架、传送装置以及控制装置，吊挂系统机构架上设置有衣夹导轨，传送装置对应安装在衣夹导轨的邻侧，衣夹导轨上吊挂配备有滑轮的衣夹，该衣夹滑轮中装有 RFID 芯片，导轨的前端装有与该 RFID 芯片相配的阅读器，控制装置连接阅读器，用于通过识别 RFID 芯片中预置的信息，来确定衣夹是否进入工位。吊挂式传递贯穿整个服装生产体系，保证车间生产活动得以持续进行，实现最合理、最优化的生产分配，高效节能。现代大型

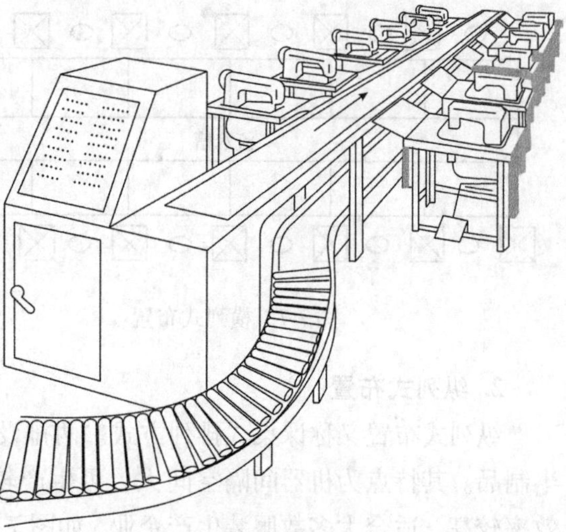

图 7-5 传送带式传递方式

服装企业精细化流水生产线一般都采用此方式，但是投资成本非常昂贵，吊挂式传递方式如图 7-6 所示。

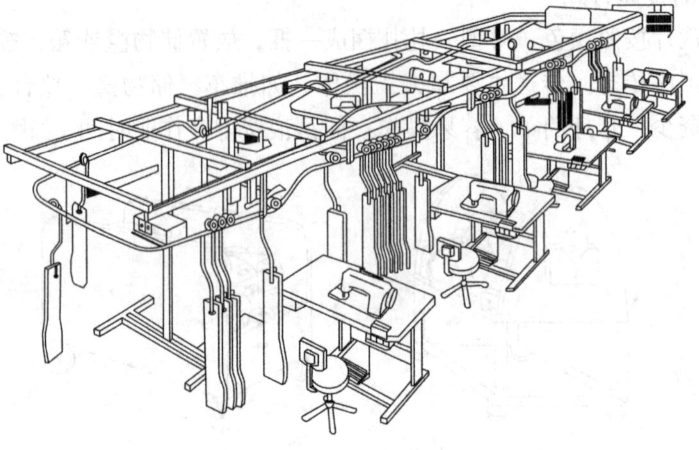

图 7-6 吊挂式传递方式

（五）缝纫车间的布置方式

缝纫车间的布置要根据企业自身生产的具体情况而定，应按照生产类型来合理地布置缝纫车间，有效地利用车间的空间，尽量减少物料的运送时间，使生产更流畅，提高生产效率。缝纫车间的设备布置常见有以下几种形式：

1. 横列式布置

缝制设备通常是两排相对排列，中间搁置传递槽。其特点为占地面积小，可节省空间，适合中小型加工企业类型，如图 7-7 和图 7-8 所示。

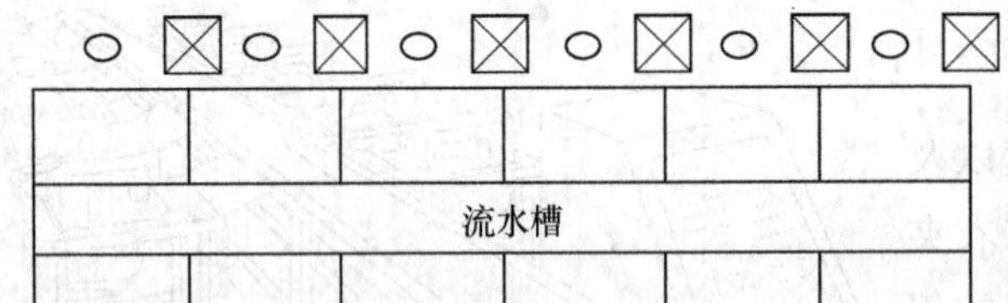

图 7-7 横列式布置

图 7-8 横列式布置的车间实例

2. 纵列式布置

纵列式布置又称课桌式排列方式。两排设备呈前后纵向排列，中间搁置传递槽来堆放半制品。其特点为机器间隔空间大，可生产较大体积的产品，半成品堆放多，生产灵活，效率较高。适合大多数服装生产企业，如图 7-9 和图 7-10 所示。

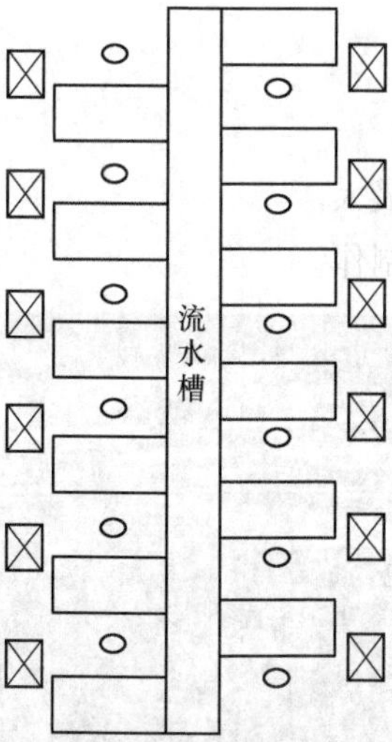

图 7-9　纵列式布置

图 7-10　纵列式布置的车间实例

3. 按服装缝制工序分类布置

这是按照服装生产的类型或工序缝制的特点进行的设备分类集中布置。例如，针织服装，其缝制工序特点除了需要一定的平缝机外，还需要大量的四线、五线锁边机、绷缝机等设备，可按照生产工序要求，进行设备组合区域布置。其特点为机器使用率高，便于管理，不受机器故障和人员缺勤等因素影响生产。但是生产周期长，需要车间空间大，生产中会出现交叉、迂回现象。工序分类布置如图 7-11 所示。

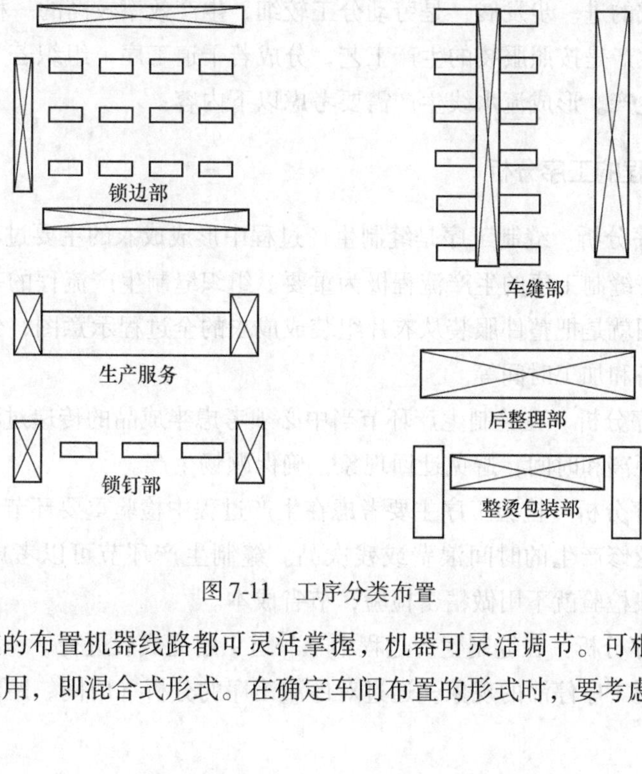

图 7-11　工序分类布置

以上几种形式的布置机器线路都可灵活掌握，机器可灵活调节。可根据自身生产情况而定，也可综合运用，即混合式形式。在确定车间布置的形式时，要考虑以下原则：

1）整个工序和设备的配合要有条不紊。

2）物料应单向流动，避免交叉、迂回现象的发生。

3）使物料的运送时间和流动路线最短，以提高效率。

4）尽可能有效地利用车间的空间，使车间的利用率达到最大。

5）车间布置要有一定的灵活性，以适应不同款式服装的制作。

6）车间布置要合理，原料进入车间入口尽量靠近原料库和裁减部，后整理出口应靠近成品库。

7）车间布置要注意采光和照明要求。

8）车间布置时，平面图尽量成矩形，使外观整齐；尽量使用水、电、气较多的地方靠近变电站、锅炉房、水房等，来缩短供应距离，节约能源。

工序分类式布置的缝纫车间实例如图7-12所示。

图7-12 工序分类式布置的缝纫车间实例

二、服装流水线生产的组织

流水线生产是指劳动对象按一定的工艺过程，顺利地通过各个工作地，并按统一的节拍完成工序的一种生产组织形式。它使用于进行少品种、大批量生产的企业。流水线生产是专业化组织形式的进一步发展，是劳动分工较细、生产效率较高的一种组织形式。

服装流水线生产是按照服装的生产工艺，分成若干道工序，组织若干个工人形成流水线生产模式进行生产。形成流水线生产需要考虑以下内容：

（一）缝制过程的工序分析

（1）缝制工序分析　缝制工序是缝制生产过程中形成成衣的主要过程，也是最复杂的部分。因此组织好缝制工序的生产流程极为重要。组织缝制生产流程的基本依据是工艺流程图。工艺流程图就是把整件服装从衣片组装成成衣的全过程示意图，包括加工的顺序及方法、使用的设备和加工时间等。

（2）传递工序分析　在缝制生产环节当中必须考虑半成品的传递过程，要考虑尽量减少传递的数量、距离和时间，避免迂回现象，确保顺畅生产。

（3）检验工序分析　检验工序主要考虑在生产过程中检验重要环节，避免生产出成衣产生次品再进行返修产生的时间浪费或残次品。缝制生产环节可以考虑重点工序抽样检验，能够通过一般检验就不用做精密检验，节省成本。

（4）停滞工序分析　在缝制生产过程中，一道工序完成后进行下一道工序生产，其中难免会出现某一道工序停滞的现象。通过对停滞工序的分析（时间、距离、工艺等环节），要及时作出调整并加以解决。

（二）缝制工序的划分和缝制时间的确定

缝制生产流水线的安排是通过缝制工序的划分与缝制工序的单位时间来进行的。划分工序是服装技术人员所掌握的一项最基本的技术工作，应该对其服装的整个缝制过程和加工工艺的方法及面料的性能非常熟悉。工序的划分工作是生产准备过程中所做的一项内容，是为缝制工程准备的。工序划分的精细程度要考虑到本企业的车工数量和技术程度。车工多、技术较差的情况就应该把缝制工序划分精细。例如，双开线挖袋工序：挂底袋布、绱开线布——开剪——烫开线——固定开线、固定三角——绱挡袋布、垫袋布、勾袋布、封口。需要五名工人分成五道工序来完成。如果生产人员少就可以减少工序，把两道工序甚至三道工序合成一道，由一名工人完成即可。

工序划分的方法一般是根据样衣分解法和经验法来制订的。样衣分解法是对来样生产的产品样衣进行拆开部位，进行工艺分解，确定加工的顺序、方法、工艺要求和生产设备等。经验法是由经验丰富的技术人员，按照产品设计的要求，参照同类产品制订各个部位的工艺技术要求、加工方法、设备要求等。这两种方法可以综合运用。一定要达到最简工序为目的。

服装加工工序时间的确定是指一件服装产品的生产从第一道工序到最后一道工序的加工时间的总和。每道工序的加工时间计算是从接到半产品开始加工，完毕后交到下道工序为止的纯加工时间。流水生产的产品总加工时间包括缝制时间、半成品传递时间、中间停顿时间、半成品熨烫时间、作标记时间和整理时间等。

加工工序时间的测定可在试制样衣时进行初步测定，在试产时进一步测定。测定应在操作正常进行的条件下进行，一般测10次以上取平均值。

1. 工序流程图的绘制

在服装生产活动中，从裁片到成品缝制过程的所有工序、顺序、内容、标准作业时间、设备使用要求等，如果安排全部用文字说明，就非常麻烦，不利于传达和交流。因此采用工序流程图的方式，达到简洁、明了的目的。为了简单、明了地绘制工序流程图，服装业一般采用图示记号来表示一些常用文字语言，见表7-1和表7-2。

表7-1 四类工序图示代号

序号	工序分类	工序符号	序号	工序分类	工序符号
1	缝制工序		3	检验工序	
2	运输工序		4	停滞工序	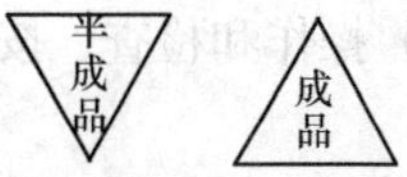

表 7-2 缝制记号表

记号	记号说明	记号	记号说明
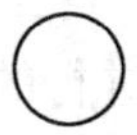	平缝作业或平缝机	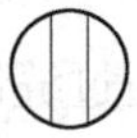	双针加固缝
	特种缝纫作业或特种机械	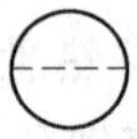	单针链缝
	手工作业或手工熨烫		三针加固缝
	双针缝纫机	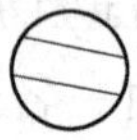	双针链缝
	双针中间带刀式缝纫机	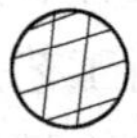	双针包缝
	平头锁眼机		套结机
	小圆头锁眼机		整烫作业
	圆头锁眼机		数量检查
	曲线式缝纫机		质量检查

一道加工工序的图示如图 7-13 所示。

缝制工序流程图的绘制方式。

1）每个部件用“▽”符号表示开始，按工序流程绘制部件的加工工序记号，用“△”符号表示结束。

2）整个生产过程的工序流程图用垂直线表示，材料、零部件的进入用水平线表示，两线之间不能相交。

3）工序流程图由基本线和分支线组成，基本线为工序流程图的主要干线，一般由加工的主要部件为主体构成。分支线则是由非主要部件形成的。

4）按工序图示记号把各工序的材料、名称、顺序号、设备、加工定额时间等标出来。

5）操作和检查，按出现的顺序分别编号，遇到水平线时，转到水平线上的作业继续编号。

工序流程图编制实例：下面以女 A 裙的缝制加工为例介绍工序流程图。

女 A 裙款式图如图 7-14 所示。

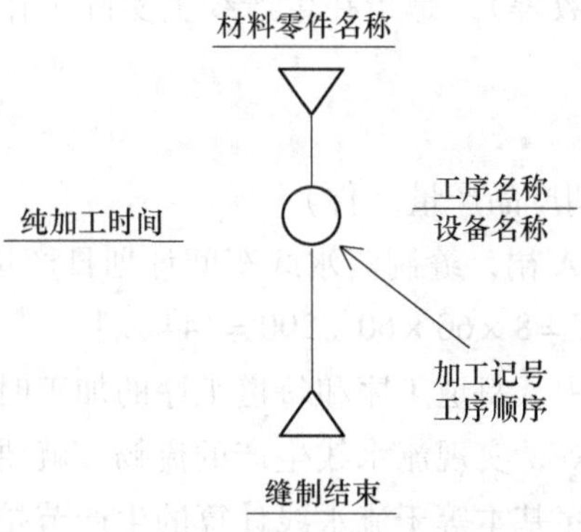

图 7-13　加工工序的图示

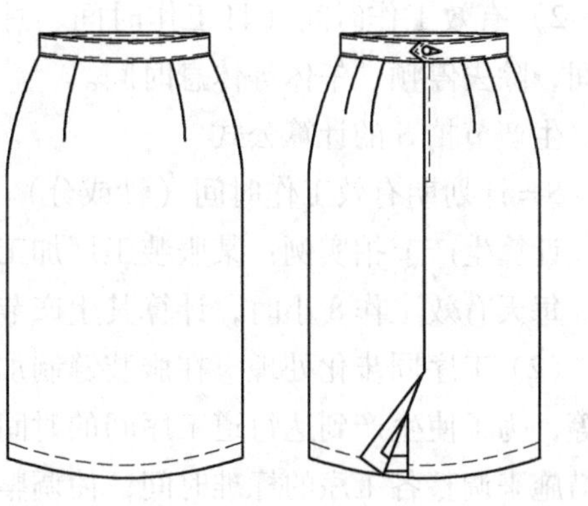

图 7-14　女 A 裙款式图

女 A 裙工序流程图如图 7-15 所示。

2. 服装缝制流水线的组织

生产加工一种服装产品，例如，普通水洗裤，按一个人单独缝制一天 8 小时计算，纯熟练工顶多生产出 6 ~ 8 条。而组织好一条 20 人左右的生产流水线，一天产量在 350 ~ 400 条，人均生产近 20 条。因此分工生产或精细化分工生产是服装生产企业广泛采用的生产形式。

组织一条生产流水线，不是看流程图有几道工序就安排几个人去生产，因为每道工序之间的操作时间不同，那样安排会出现停滞和等待现象，浪费许多时间，产生不良后果。因此，组织流水线就是实现每个工位的生产时间基本相同，使生产流水线达到平衡的状态。组织流水线的内容包括：确定流水线生产节拍、加工工序同步化、确定工位数量及生产人员数量、计算流水线负荷系数。

（1）生产节拍的计算（只包括生产缝制环节）　节拍是组织生产流水线的重要依据，是调整生产人员进行同步作业的基础。流水生产线上半成品在各工序间每移动加工所产生的间隔时间，称为流水线生产节拍。确定节拍依据如下：

1）计划期产量（日产量、月产量等），包含预计废品量。

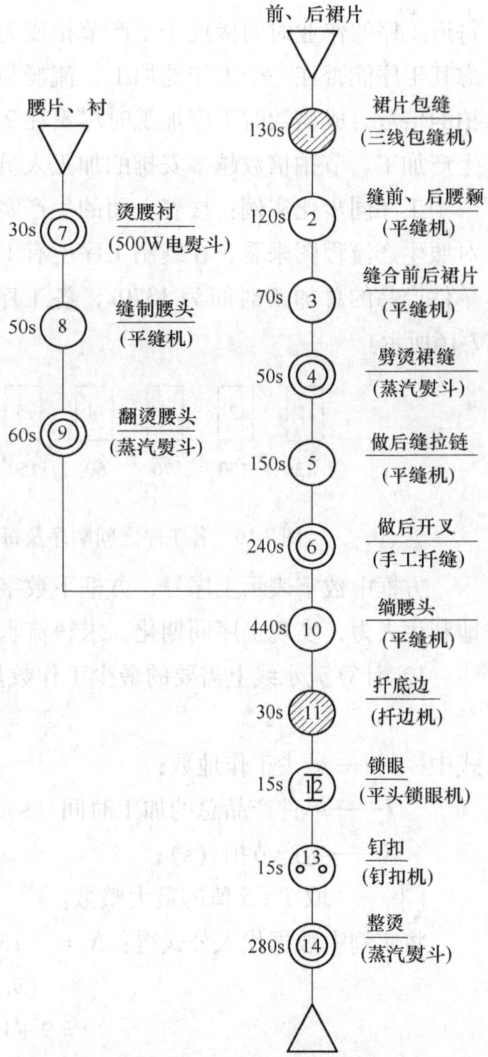

图 7-15　女 A 裙工序流程图

2）有效工作时间（日工作时间、月工作天数等），是指在生产线上实际工作生产的时间，除去停顿、午休等休息时间。

生产节拍 S 的计算公式

S = 计划期有效工作时间（秒或分）÷计划期产品产量（件）

计算生产节拍实例：某服装工厂加工一批女 A 裙，缝制流水线车间计划日产量为 200 件，每天有效工作 8 小时，计算其生产节拍为：$S = 8 \times 60 \times 60 \div 200 = 144\text{s/件}$

（2）工序同步化处理　在服装缝制加工过程中，每道工序和每道工序的加工时间都不相等，为了使生产到达每道工序间的时间基本相等，实现流水线生产的流畅，就要通过技术措施来调整各工序的标准时间，使调整后的工序基本等于流水线计算的生产节拍或它的倍数，达到各工作地的生产同步化，这个过程称为同步化处理。

在处理同步化过程中，一般采用将小工序归并或将大工序拆解的形式来进行处理，使每道工序的作业时间接近于生产节拍或为节拍的倍数。应注意的是，在小工序归并时要考虑其工序能否在一个工作地加工，流畅与否。在大工序拆解时，要尽量达到生产节拍或节拍的倍数。成倍数时工序加工时尽量在 2～3 倍即可，也就是说，此工序可安排 2～3 个人生产加工。节拍倍数越多安排的加工人员就多，不利于控制生产质量。

工序同步化实例：接着上面的生产实例来说明，其组织生产线的节拍为 144 s/件，在对照生产流程图来看，在缝制工序上有 11 道工序组成（后三道为后整理工序不计考虑），单件产品的总加工时间为 1370s，各工序之间顺序及每道工序的单位标准作业时间如图 7-16所示。

1	2	3	4	5	6	7	8	9	10	11
130	120	70	50	150	240	30	50	60	440	30

图 7-16　各工序之间顺序及每道工序的单位标准作业时间（单位：s）

方框中数字表示工序号，方框下数字表示工序的单件作业时间（s）；那么，如何合理地利用人力，实现工序同期化，求得流水线作业平衡？

1）计算流水线上需要的最少工作数量。计算公式为

$$N = [T \div S] + 1$$

式中　N——最少工作地数；

T——单件产品总的加工时间（s）；

S——生产节拍（s）；

[ ] ——取 $T \div S$ 值的最大整数。

将实例中数据代入公式得：

$$\begin{aligned} N &= [1370\text{s} \div 144\text{s}] + 1 \\ &= [9.5139] + 1 \\ &= 9 + 1 \\ &= 10 \end{aligned}$$

2）组织工序同步化。得出的结论是最少安排 10 个工作地，但不是 10 道工序。要达

到生产工序同步化，就应考虑每道工序的单位加工时间要按照生产节拍来进行分配，使工序组合尽量是每道工序要求达到节拍或节拍的倍数。工序组合当中要考虑工序工种的一致性，工作地的距离不能相隔太远的，否则会影响生产加工的时间。生产流水线工序同步化处理见表7-3。

表7-3　生产流水线工序同步化处理　（节拍：144s/件；单位：s）

工位顺序号	原工序号	原工序单件作业时间	组合后工序单件作业时间	计算工位数	实际取工位数	人员安排数	工位空闲时间
1	1	130	130	0.90	1	1	144－130＝14
2	2	120	120	0.83	1	1	144－120＝24
3	3 8	70 50	120	0.83	1	1	144－120＝24
4	4 7 9	50 30 60	140	0.97	1	1	144－140＝4
5	5	150	150	1.04	1	1	144－150＝－6
6	6	240	240	1.66	2	2	144×2－240＝48
7	10	440	440	3.05	3	3	144×3－440＝－8
8	11	30	30	0.21	1	0	144－30＝114

注意：新组合工序为8道，实际取工位数是11个，为什么与给出的结论10个工位数不相符呢？如果此道工序为平缝车，它的工位就可以忽略不计了，工序也就组合到其他工序当中了，得到的结论就与之相符了，是7道工序，10个工位数。

但是，在这条生产线上第11道工序为特种生产设备，因此要多出一个工位数，但是不增加人数，因为此道工序的加工时间不足生产节拍的一半，不需要加人员。这道工序应有空闲时间多的工序来弥补就可以了。比如，第2、3、6每道工序的时间空闲是24s，4人轮班足足干了这30s的工序。此工作地在计算负荷率时可忽略不计。

在这里还需要说明的是，在第5道和第7道工序当中，出现了大于节拍的现象，也就意味着此道工序在一天的工时里完不成任务，班组长或车间主任来进行调节，也会用空闲时间多的工序来弥补这些空闲时间少的工序，尽量达到生产同步化。在实际生产当中，生产主任或班组长也会按照员工的实际熟练程度灵活安排具体难易工序，以求达到生产同步化。

（3）工位数或设备取整数的原则　表中计算工位数的方法是用组合后工序单位作业时间÷生产节拍，得出的数据不可能是整数，但在这里一定要取整数。因为工作地或设备不能为小数，应该是整数。实际工位数或设备取整数的原则是：设工位数尾数为X：当$X<0.2$时，工位数不需要考虑增加，只需将工位数或设备数取为整数；当$0.2\leqslant X<0.5$时，增加工位数，但不增加工人人数；当$0.5\leqslant X<1$时，增加工位数，也增加工人人数。

（4）计算流水线负荷系数　在安排流水线生产要达到生产负荷率100%几乎是不可能的事，能控制在85%以上就能达到很好的效果。工作负荷率的值越高，流水线的生产效率

就越高。其计算公式如下

流水线工作负荷率 = 总缝制加工时间 ÷（节拍 × 工作地数）×100%

以上生产线数据代入公式得：1370 ÷（144 ×10）×100% =95%

（5）举例说明生产线负荷平衡的一般方法　某工厂接到一批沙滩裤订单，生产目标为每日生产400条，每日工作8h。生产工序及时间如下：

做侧缝袋（两个）：　4.5 min

合侧缝、下裆缝（两个）：　2.2 min

合裆缝及绱腰橡筋：　2.5 min

卷脚口边（两个）：　1.1 min

扎围腰头：　1 min

首先，计算这条生产线的生产节拍 S：

$$S = 8 \times 60/400 = 1.2\text{min/条}$$

其次，计算出理论上该生产线所需要的最小工作位数（其中 T 计算所得为11.3min）即

$$N = [T/S] + 1 = [11.3/1.2] + 1 = 10\text{个}$$

第三，计算每个工序所需的工位数，计算结果见表7-4。

例如：第一个工序理论上所需的工位数 = 4.5/1.2 = 3.75 个，依次类推。

最后，计算该生产线的平均负荷率 = 11.3/（1.2 ×10）×100% =94%

表7-4　工序平衡前后的工位数对照表

工序名称	作业时间	计算工作位数目	实际用工作位数
单位	min	个	个
1. 做侧缝袋（两个）	4.5	3.75	4
2. 合侧缝、下裆缝（两个）	2.2	1.83	2
3. 合裆缝及绱腰橡筋	2.5	2.08	2
4. 卷脚口边（两个）	1.1	0.92	1
5. 扎围腰头	1	0.83	1
合计	11.3	9.41	10

我的收获：

我的疑惑：

项目测评：

1. 简述车间布置的要求。

2. 根据生产流水线组织案例，回答问题。

一个服装工厂的某一流水线生产T恤衫，生产目标为每日1000件T恤衫，每日工作8h。生产工序9道及每道工序的工时如图7-17所示。（注：单位时间为min，上面为时间，

圆圈内为工序号)。

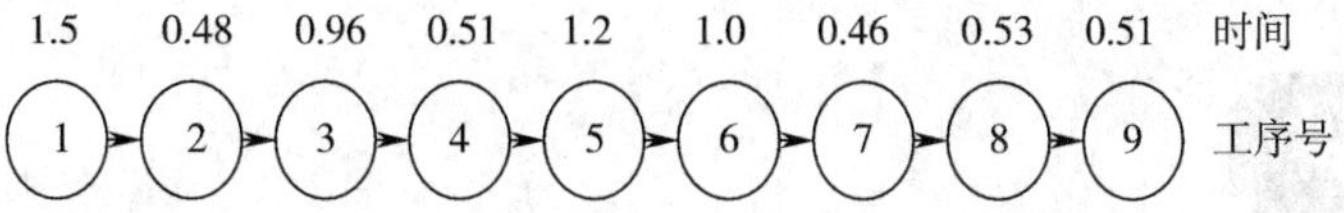

图 7-17　生产工序 9 道及每道工序的工时

(1) 计算出这条生产线的生产节拍。

(2) 计算出每个工序所需的工位数。

(3) 计算出理论上该生产线上的最小工位数。

(4) 计算该生产线的平均负荷率。

项目 8

服装后整理过程管理

项目任务 1. 了解检验整理的程序。

2. 了解服装熨烫的过程和要求。

工具箱 一件衣服、熨斗。

身边事

一个月后，艾芙已经完全适应了流水线工作的技巧与强度，此时，厂长又将她的工作调整到后整理车间。这是一个需要耐心和细心的工作。

艾芙曾经听一个服装裁缝店里老师傅说过："服装讲究三分裁，七分做；三分做，七分烫。"看来后整理工作是很重要的。

一、服装的检验整理

后整理过程是服装生产流程中的最后阶段，同样是非常重要的环节。它对服装的整体外观与性能起着重要的作用，也对服装具有保护功能，同时也具有介绍、美化、识别产品等作用，便于服装的销售与消费者的使用。

后整理过程主要包括检验整理、整烫和包装几项内容。

流水线生产出的成品会陆续运输到后整理车间，工作人员会对其先进行产品检验整理后，再进行整烫、包装等环节。

1. 成品规格

成品规格检验是用软尺测量服装主要部位的规格尺寸与工艺单中的对照，是否在允许范围内。出现大的误差应及时上报并及时修正。

2. 外观质量

各类服装产品的外观质量检验应按"从上到下，从前到后，从面到里"的顺序进行，做到不漏验、不重复，达到又快、又好的效果。外观质量检验内容包括：丢工丢序，各部位平整对称，色差、疵点，毛漏脱现象，线头油污渍、粉印等项目。

3. 整理

（1）清理线头　线头分死线头和活线头两种。清理线头的方法有以下几种：

1）手剪法。将成衣平铺在台案上，然后将死线头一根根剪掉，放在盛线盒里，避免重复粘在成衣上。

2）滚粘法。用圆滚粘胶筒或塑料粘胶纸在成衣上来回粘滚，清除吸附在成衣上的活线头。

3）吸线法。利用吸尘器原理制成的吸线头机清除活线头。将整件成品送入吸线头机入口再从出口出来，服装在吸线头机里转一圈活线头就被全部吸掉，现代服装企业广泛应用此种方法。

4）吹线法。利用鼓风机和60cm的帆布管道，把成衣放在风口处，利用强大的风力将活线头吹进帆布管道中。

（2）去粉印、污渍　在服装生产加工过程中，成品常常会留下画样时的粉印和机器缝制时渗进的油污等污渍，在整理中一定要处理干净。

粉印一般可用白湿布轻轻刷掉。对于小污渍可用毛刷蘸清水轻轻擦拭，大面积的油污渍需用除污剂去除。常见污渍的去除方法见表8-1。

表8-1　常见污渍的去除方法

污渍类型	去除方法
机油渍	用优质汽油刷洗，垫布用熨斗烫干，再用温水漂洗干净
铁锈渍	用1%温热的草酸水溶液浸泡后，再用清水漂洗干净
汗渍、霉斑	用氨水20g兑1L水的稀释液浸泡，再用清水漂洗
墨水渍	用热牛奶搓揉，清水浸洗
圆珠笔渍	污渍下放一块干毛巾，用毛刷蘸酒精轻轻揉擦

4. 色差、布疵检验

审查服装各部位是否存在色差，不同部位的色差级别有相应的色卡表，超过级别标准的应及时换片弥补，不能弥补的对其作出相应的降级处理。

服装衣料自身存在残疵，在生产、搬运、取放过程中难免造成不同程度的残疵。应认真检验，及时修复。不能修复的也应作降级处理。

二、服装的整烫

服装的整烫定型是后整理工作中的重要内容，也是一项技术性很强的工作。即通过对服装进行热湿定型熨烫，使服装更加符合人体特征及造型需要，它对服装的外观和内在的质量起着决定性作用。在服装行业有着“三分做、七分烫”的说法，充分地说明了整烫工艺的重要作用。服装制作“四大功夫”中，刀功（裁剪）是保障，手功最复杂，车功是关键，而烫功效果最明显。

（一）熨烫的工艺方法与要求

熨烫按照采用的设备工具分为手工熨烫与机械熨烫。

1. 手工熨烫

手工熨烫的效果与所用熨斗的温度、湿度、压力、时间以及面料的性能有关。理论上，熨斗的温度越高，熨烫效果越好，但对于面料来说，温度超过了其承受极限，就会出现炭化或熔化的情况。因此熨烫工一定要熟知各种面料的性能，特别是受热极限温度。湿度的加量不宜过大，主要看面料的厚度和是否要垫布。压力的控制一般不用过大，否则容易极光。时间的掌握一般看熨烫的效果即可，熨烫时间也不宜过长。总之，手工熨烫一定要考虑到这几个因素，否则会影响熨烫的效果。

手工熨烫工艺即是指运用“推、归、拔、烫、压、闷”等方法，使服装具有“九势十六字”的外观效果。其中九势是指肋势、胖势、窝势、凹势、翘势、剩势、弯势、圆势和戤势，达到服装符合人体和造型需要。成衣熨烫（十六字）各部位具体表现及要求见表8-2。常见面料手工熨烫温度见表8-3。

表8-2 成衣熨烫（十六字）各部位表现及要求

序号	效果表现	质量要求
1	平	成衣的面、里及衬平坦，不倾斜，门襟、背衩不搅不豁，无起伏现象
2	服	成衣符合人体曲面，具体是指服装中后背、腰肋、胸部及臀部，主要靠肋势和胖势来实现
3	顺	合缝与人体线条吻合，主要靠剩势来实现，一般是指肩、摆缝、袖缝处
4	直	各种直线挺直，无偏歪、扭曲现象，如袋口、驳头、串口等部位
5	圆	成衣各部位连接线迹平滑、圆顺，如袖窿、领口处
6	登	成衣在人体横线处水平，重心吻合，如胸围、腰围、底摆等
7	挺	成衣各部位挺括，体现材料质感
8	满	体现弥补人体丰满部位，如臀部、胸部靠胖势与肋势来实现
9	薄	使成衣有飘逸、舒适感
10	松	无松紧、呆板之感，如领、驳头、肩头，靠凹势与翘势实现。
11	匀	成衣各部位面、里及衬统一、均匀
12	软	服装衬垫部位挺而不硬，富有弹性，回复性好，如胸部、肩部
13	活	成衣各线条、曲面灵巧、活络
14	轻	服装穿着承受力均匀
15	窝	成衣边缘部位自然向人体内靠，使服装外形光滑、匀称，如驳头、肩领、止口、袋盖、门襟等部位
16	戤	服装主要部位有一定宽松度，便于穿脱，如手臂、胸围、腰围、臀围处

表8-3 常见面料手工熨烫温度 （单位:℃）

面料种类	熨烫温度	危险温度	备注
棉	180～200	240	
麻	140～200	240	
涤纶	140～160	190	
腈纶	130～150	180	
毛	120～160	210	
丝	120～150	200	柞丝不能喷水
粘胶纤维	120～160	200～230	短纤、较长纤熨烫温度高
维纶	120～150	180	不能湿烫或垫湿布
锦纶	120～150	170	
醋酸纤维	120～130	170	不宜在较湿状态下熨烫
丙纶	90～110	130	
氯纶	70～80	90	

2. 机械熨烫

机械熨烫是由机械自动调整服装所需的温度、湿度和压力，以及符合各种人体部位的人体烫模，完成熨烫定型的全过程。目前服装企业使用的机械熨烫设备主要是蒸汽定型熨烫设备，熨烫效果极佳，既能提高生产效率，又能保证服装质量。

（二）熨烫的质量技术要求

1）熨烫工艺要做到“三好、七防”。“三好”是指熨烫温度掌握好、平挺质量好、外观折叠好；“七防”是指防烫黄、防烫焦、防变色、防变硬、防水渍、防极光、防渗胶。

2）熨烫时，应严格按照操作程序进行，安全操作。

3）熨烫要按照服装的形状分门别类地进行熨烫，该曲则曲，该窝则窝。

4）各种省缝的省尖和内缝要烫平服、平整。

（三）熨烫的注意事项

1）色织物在熨烫时应先进行小样试烫，以防色变。

2）尽量减少熨烫次数，以免降低织物耐用性。

3）熨烫提花、浮长线织物时，防止勾丝、拉毛、浮纱拉断等。

4）注意温度对面料的影响，对湿度性大、难以熨平的织物，应喷水熨烫；对不能在湿度状态下熨烫的织物，应覆盖湿布熨烫。

5）烫台要平整，避免凹凸不平，要加覆湿布，防止亮光。

6）对于不同织物掌握不同温度，防止极光和沾化。

7）压力不要过大，防止极光。

8）熨烫薄料时，垫布要厚而软；熨烫厚料时，垫布要薄而硬。

9）烫工要随时对烫台、烫案及垫料进行清洁和干燥。

熨烫车间实例如图 8-1 和图 8-2 所示。

图 8-1 熨烫车间实例一

图 8-2 熨烫车间实例二

三、服装的包装

在当今国际市场竞争十分激烈的情况下，许多国家都把改进服装包装当做加强对外竞销的重要手段之一。创意好的包装，可以提高服装身价，进而吸引顾客、扩大销路、增加售价，并且包装水平的高低在一定程度上显示出该地区在科技、文化、艺术上的水准和品位。

1. 服装包装的意义

服装包装是必不可少的，它不但能保护服装、方便储存、便于运输，还能起到介绍产品、指导消费、宣传促销的作用，并具有区分服装、树立形象、创造价值的作用。

服装包装是服装生产的继续，只有通过服装包装，才算完成生产的全过程，服装才能进入流通领域和消费领域，才能实现服装的使用价值。包装是保护服装在流通过程中质量完好和数量完整的重要措施，有些服装甚至根本离不开包装，与服装包装成为不可分割的统一体。

2. 包装的概念与作用

商品学上的包装是指为便于运输、储存和销售，对商品进行处理的技术和艺术。

包装在当今市场上的作用主要有：

1）保护商品避免在仓储和运输过程中受到污染和损坏。

2）包装好的商品对生产者、分销者以及消费者成为易于处理的整件。

3）有利于识别商品，增加商品的附加值，提高商品的市场竞争力，吸引消费者购买。

3. 服装包装的形式

（1）按包装的用途分　服装包装可分为商业包装和工业包装两大类。

商业包装是以销售为主要目的的包装，它起着直接保护产品的主要作用。其包装件小、数量大，讲究装潢印刷。包装上大多印有商标、说明、生产单位，又具美化产品、指导消费的作用。商业包装又称内包装和销售包装。

工业包装主要是保护服装在仓储、运输过程中不受到污染和损坏，运用保护性能好的材料进行的大体积包装。工业包装又称外包装和大包装。

（2）按包装的材料分　服装包装可分为木箱包装、纸箱包装、纸盒包装及塑料包装。

（3）按包装的方法分　服装包装可分为真空包装和立体包装。

真空包装是指将服装去湿后装入塑料袋内，进行压缩并抽成真空。真空包装可大大缩小服装体积，增加数量，降低成本，方便托运。比较适合棉衣类较大体积服装和妇婴卫生保健服装所采用。

立体包装是指将服装挂在衣架上，外罩塑料袋封闭，再吊在集装箱内运输。立体包装可以保持服装很好的外观效果，防止褶皱的产生。适用于高级衬衣、西服、大衣类服装。但造价昂贵。

4. 包装的质量要求

1）蒸汽熨烫后的服装不能马上装入塑料袋中，以免包装后的服装因潮湿产生霉变。

2）包装时应按要求及尺寸进行折叠，包装的尺寸、规格、标志、数量、颜色的搭配必须符合工艺规定。

3）包装箱、袋内应清洁无杂物，外包装要完整。小包装的规格与数量要相符，实物与号型规格要相符。大包装要做的标记项目无遗漏，保证清单、唛头与合同一致。

5. 常见服装装箱的分配方法

1）单色单码。按同种颜色、同一规格的服装进行装箱。

2）单色混码。按同种颜色、一定比例规格搭配的服装进行装箱。

3）混色单码。按一定比例颜色搭配、同一规格的服装进行装箱。

4）混色混码。按一定比例颜色搭配、再按一定比例规格搭配的服装进行装箱。

我的收获：______

我的疑惑：______

项目测评：

1. 简述清理线头的几种方法。
2. 简述整烫的作用。
3. 简述手工熨烫要考虑的因素。
4. 简述包装的概念与作用。

项目 9

服装质量管理

项目任务 1. 认识服装质量管理的意义。
2. 掌握服装生产中的质量控制内容。
3. 掌握具体服装质量的检验方法。

工具箱 准备一件衬衫、一条男西裤、一件西服。

身边事

经过一个多月的工作，艾芙的努力和勤奋，使她很快崭露头角，厂长决定给她一个机会，让她在技术科学习管理经验。

来到技术科后，科长安排艾芙负责服装生产质量管理工作。工作了几天才知道，做管理工作，仅仅自己技术能力强是远远不够的，更要懂得科学的管理，制定出严格的技术质量标准，把问题控制在可掌控的范围之内，才能做到滴水不漏的管理程度。

一、服装质量及质量管理

（一）服装质量的概念

就服装产品质量而言，指的是服装款式结构新颖、别致，裁剪合体，穿着舒适，并具有工艺制作精细，穿着可靠，甚至具有一定特殊功能等方面的要求。

服装的质量特性指标概括为以下几个方面：

（1）性能　性能是指产品为满足使用目的所具备的技术特性，如面料的缩水率、透气性等。

（2）使用寿命　使用寿命是指产品在规定的使用条件下能够正常使用的期限，如服装的黏合衬的耐洗涤性。

（3）可靠性　可靠性是指产品在规定时间内和规定条件下，完成规定功能的能力，如防弹服。

（4）安全性　安全性是指产品在制造、流通、使用过程中保证安全的程度，如宇航服。

(5) 经济性 经济性是指产品从设计生产到整个产品使用周期的总费用。

以上几方面综合反映了服装产品质量，但就某一种产品而言，各种质量特性的重要程度是不均等的。其中有较关键的主要特性，也有次要特性，有技术方面的特性，也有经济方面的特性，必须具体分析区别对待，以满足消费者的需求。

根据质量概念以及相对质量的特性，“优质产品”应具备以下几方面内容：

1）满足消费者要求的设计质量，即目标质量或计划质量。指按一定的质量目标，根据所掌握的消费者使用要求及期待的性能，设计出满足用户需求的达标产品以及服务程度。

2）严格遵照设计质量进行制作的结果质量及销售质量。结果质量也称制造质量，是指产品在制作过程中的质量，它受产品在制造过程中作业人员的熟练程度、检验方法及设备性能等因素的影响。如果服装产品在制作过程中制作工艺不熟练、设备运转不良或未按照设计的工艺要求加工，会出现设计质量与制造质量之间的差异，无法达到设计质量。

对于服装企业来说，来自于顾客信息反馈的销售质量，是质量计划和设计时的主要依据。销售质量已逐渐成为服装企业竞争当中的重要砝码。具有优良的功能，同时价格也应体现在其中，即达到“优质优价”。

总之，优质产品不是靠检验达到的，要保证产品质量，必须从产品设计、质量标准的制定、样衣试制、成批生产、制造、销售，直到售后服务的整个过程进行严格的质量管理，以确保产品达到设计的质量目标。

（二）质量管理的含义

质量管理是制订和实施质量方针的全部管理职能，包括战略策划、资源分配和其他有系统的活动，如质量策划、运行和评价。同时，为获得期望的质量要求，组织内部的全体人员承担义务并参与。具体来说，质量管理是指为了经济地生产出满足用户需要的优质产品，而采取的各种手段和措施，是企业内各部门相互协作进行产品开发、设计、生产及售后服务，使消费者对企业的商品感到满意的一项组织活动。

质量管理是企业全部管理职能的一部分，质量管理职能负责质量方针的制订和实施。企业为了实现质量方针和目标，必须建立完善的质量体系，以对影响产品质量的各项活动进行控制，并开展质量保证活动。从总体上说，质量管理工作包括企业质量战略规划、资源分配和其他系统性活动。它是对为达到质量要求必需的全部职能的管理。

质量管理是一门科学，它是随着整个社会生产的发展而发展的。目前，质量管理的发展过程一般分为三个阶段。

1. 质量检验阶段

20 世纪前，产品质量主要依靠操作者本人的技艺水平和经验来保证，属于“操作者的质量管理”。20 世纪初，以 F. W. 泰勒为代表的科学管理理论的产生，促使产品的质量检验从加工制造中分离出来，质量管理的职能由操作者转移给工长，是“工长的质量管理”。随着企业生产规模的扩大和产品复杂程度的提高，产品有了技术标准（技术条件），公差制度（见公差制）也日趋完善，各种检验工具和检验技术也随之发展，大多数企业开始设置检验部门，有的直属于厂长领导，这时是“检验员的质量管理”。上述几种做法都属于事后检验的质量管理方式。

这一阶段质量管理的基本特点是：

1）全数检验，挑出不合格产品。

2）强调检验人员的质量监督职能。

3）不能起到预防控制次品的作用。

2. 统计质量控制阶段

1924年，美国数理统计学家W. A. 休哈特提出“预防缺陷”的概念，其主要观点为：质量除了加强检验以外，还应做到预防。他提出的办法是绘制出第一张控制图并建立了一套统计卡片。与此同时，美国贝尔研究所提出关于抽样检验的概念及其实施方案，成为运用数理统计理论解决质量问题的先驱，但当时并未被普遍接受。以数理统计理论为基础的统计质量控制的推广应用始自第二次世界大战。由于事后检验无法控制武器弹药的质量，美国国防部决定把数理统计法用于质量管理，并由标准协会制定有关数理统计方法应用于质量管理方面的规划，成立了专门委员会，并于1941年—1942年先后公布一批美国战时的质量管理标准。

（1）控制图的预防原理　应用控制图对生产过程不断监控，当异常因素刚一露出苗头，甚至在未造成不合格品之前就能及时被发现，在这种趋势造成不合格品之前就采取措施加以消除，起到预防的作用。

在现场，更多的情况是控制图显示异常，表明异常原因已经发生，这时一定要贯彻“查出异因，采取措施，保证消除，不再出现，纳入标准。”否则，控制图就形同虚设。每贯彻一次（即经过一次这样的循环）就消除一个异常因素，使它不再出现，从而起到预防的作用。

（2）这一阶段质量管理的基本特点

1）从质量管理的指导思想上看，由事后把关变为事前预防。

2）从质量管理的方法上看，广泛深入地运用了统计的思考方法和统计的检查方法。

3）在质量检验的同时，进行抽样检验，从而降低了检验成本。

4）利用控制图对大量生产的工序进行动态控制，有效预防了不合格产品。

5）应用数理统计工具，分析影响产品质量的原因，采取以预防为主的措施。

3. 全面质量管理阶段

20世纪50年代以来，随着生产力的迅速发展和科学技术的日新月异，人们对产品的质量从注重产品的一般性能发展为注重产品的耐用性、可靠性、安全性、维修性和经济性等。在生产技术和企业管理中要求运用系统的观点来研究质量问题。在管理理论上也有新的发展，突出重视人的因素，强调依靠企业全体人员的努力来保证质量。此外，还有“保护消费者利益”运动的兴起，企业之间市场竞争越来越激烈。在这种情况下，美国的A. V. 费根鲍姆于20世纪60年代初提出全面质量管理的概念。他提出，全面质量管理是

“为了能够在最经济的水平上、并考虑到充分满足顾客要求的条件下进行生产和提供服务，并把企业各部门在研制质量、维持质量和提高质量方面的活动构成为一体的一种有效体系”。

这一阶段质量管理的基本特点是：

1）质量概念要全面。

2）必须是全过程管理。

3）必须是企业的全面管理，所有部门都要参与。

4）必须是全员管理，所有人都要参与。

现在所说的质量管理主要是指全面质量管理。全面质量管理是指一个组织以质量为中心，以全员参与为基础，目的在于通过让顾客满意和本组织所有成员及社会受益而达到长期成功的管理途径。成功的关键在于最高管理者强有力和持续的领导，全员教育和培训，持续进行质量改进。建立并实施质量体系是开展全面质量管理的基础。

（三）服装质量管理的目的

服装质量管理的目的是通过组织和流程，确保产品或服务达到顾客期望的目标；确保公司以最经济的成本实现这个目标；确保产品开发、制造和服务的过程是合理和正确的。

从“产品生产质量”的角度出发，质量管理的根本目的有两个：①劣质产品不出厂；②劣质产品不生产。

要达到确保“劣质产品不出厂”，其手段是产品检验，即必须扎扎实实地进行严格的检验。但仅凭严格的检验，并不能保证产品生产的质量管理活动的完美无缺。即使通过检验，检查出了所有的次品，而生产过程中仍在不断地生产次品，从成本和交货期方面看，生产也是难以维持的。此外，检验过程中肯定还会有遗漏。为此，要进行充分的质量管理活动，实现和达到“劣质产品不生产”这一目的。产品生产的质量管理活动的真正意义在于第二个目的，如果不生产出劣质产品，自然就可以达到第一个目的。同时，也可减少因检验所花费的成本，以及因制造次品所造成的浪费。但这只是一种理想的状态，在实际生产过程中，不可能轻而易举地达到第二个目的，而不需要进入检验状态，质量检验仍是质量管理活动中的重要环节和手段。

（四）服装质量管理体系

服装质量管理体系是企业内部建立的、为保证产品质量或质量目标所必需的、系统的质量管理活动。它根据企业的特点用若干体系要素加以组合，加强从设计研制、生产、检验、销售、使用全过程的质量管理活动，并予制度化、标准化，成为企业内部质量工作的要求和活动程序。

质量管理体系的八项原则为：

1）以顾客为关注焦点。组织依存于其顾客。因此组织应理解顾客当前和未来的需求，满足顾客并争取超越顾客期望。

2）领导作用。领导者确立本组织统一的宗旨和方向。他们应该创造并保持使员工能充分参与实现组织目标的内部环境。

3）全员参与。各级人员是组织之本，只有他们的充分参与，才能使他们的才干为组织获益。

4）过程方法。将相关的活动和资源作为过程进行管理，可以更高效地得到期望的结果。

5）管理的系统方法。识别、理解和管理作为体系的相互关联的过程，有助于组织实现其目标的效率和有效性。

6）持续改进。组织总体业绩的持续改进应是组织的一个永恒的目标。

7）基于事实的决策方法。有效决策是建立在数据和信息分析基础上的。

8）互利的供方关系。组织与其供方是相互依存的、互利的关系可增强双方创造价值的能力。

质量管理体系的特点：

1）它代表现代企业如何真正发挥质量的作用和如何最优地作出质量决策的一种观点。

2）它是深入细致的质量文件的基础。

3）质量体系是公司内更为广泛的质量活动能够得以切实管理的基础。

4）质量体系是有计划、有步骤地把整个公司的主要质量活动按重要性顺序进行改善的基础。

质量是企业的生命，质量管理就是维持生命的重要因素。质量管理是在质量方面指挥和控制组织的协调活动，通常包括制订质量方针、目标以及质量策划、质量控制、质量保证和质量改进等活动。要实现质量管理的方针目标，有效地开展各项质量管理活动，必须建立相应的管理体系。

建立有效的质量管理体系，应注重以下几个方面内容：

1）企业领导必须增强质量观念。建立有效的质量管理体系，必须由领导层亲自参与、有效推动、有效监督和积极引导，才能达到体系的有效运行。

2）坚持将培训作为质量体系运行的中心任务。宣传指导和职业技能培训两手抓，两手都要硬，对不同层次人员采用不同的培训方式和要求。坚持内部质量审核的规范化、正常化，通过审核，对查出的问题及时纠正，对潜在问题有效预防，使质量管理体系运行进入良性循环，形成自我完善、自我约束和自我改进机制。

3）要发挥全员的作用。应充分重视人力资源的构建、提高各级人员的质量意识、业务意识、事业心、责任心、职业道德以及适应本职工作的能力，使员工在管理、知识、技能等方面得到全面、及时的培训，达到保证企业质量管理体系的有效运行。

4）技术检验部门要利用自身优势，加强对相关人员的指导和培训，加强对市场过程关键点的监督，重点提高保证产品质量的能力。

服装质量管理机构示意图如图 9-1 所示。

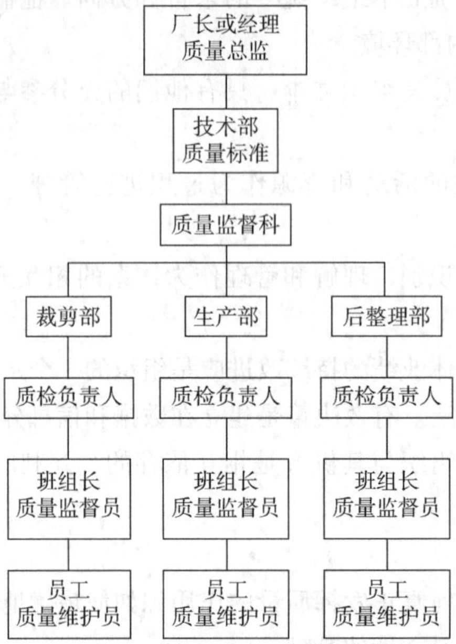

图 9-1 服装质量管理机构

（五）服装质量管理标准

标准是衡量事物的准则，是指为了达到整体最佳效果，依据科学技术和实践经验，在充分理论的基础上，对经济、技术、管理等具有相关性特征的重复事物活动等，以特定的程序和形式颁发的统一规定。

每个企业根据自身的生产规模、生产服装产品品种的质量标准，都得制定出一套质量生产管理的标准。这套生产质量标准既能使生产稳定、减少次品，还能使产品质量不断提高，产品的质量要求最终体现在产品的质量特性上。

1. 标准的内容

标准的内容包括技术标准、管理标准和工作标准。

（1）技术标准 这是对技术活动中需要统一协调的事物制定的技术准则。其中包括基础标准、产品标准、方法标准、安全标准与环境保护标准等。

（2）管理标准 这是在行政和管理机构行使其管理职能而制定的准则。其包括管理工作程序标准、管理业务标准以及管理制度等。

（3）工作标准 这是对某项管理工作或服务工作的部分或全部工作要求、工作质量等所制定的标准。其包括工作质量标准和服务标准等。

2. 标准的使用范围

服装质量标准有国际标准、区域标准、国家标准、行业标准、地方标准、企业标准等。

（1）国际标准 这是指国际标准化组织（ISO）、国际电工委员会（IEC）和国际电信联盟（ITU）制定的标准，以及国际标准化组织确认并公布的其他国际组织制定的标准。国际标准在世界范围内统一使用。

（2）区域标准　这是指世界某一区域标准团体采用的标准或区域标准化团体采用的规范，是贯彻国际标准，协调本区域标准而在本区域范围内执行和使用的标准或规范。

（3）国家标准　这是指根据全国范围内统一的需要，由国家标准化主管机构批准、发布的标准。对全国经济、技术发展有重要意义而必须在全国范围内统一的标准。

（4）行业标准　这是指全国性的各行业范围内统一的标准。

（5）地方标准　这是指由省、自治区、直辖市标准化行政主管部门制定，并报国务院标准化行政主管部门和国务院有关行政主管部门批准备案的标准。

（6）企业标准　这是指对某一类型企业生产技术组织工作具有重要意义而统一制定的标准。

3. 服装国家标准

目前我国服装技术质量标准使用的服装国家标准及行业标准目录见表9-1和表9-2。

表9-1　服装国家标准

标准编号	标准名称	标准编号	标准名称
GB/T 1335.1—2008	服装号型　男子	GB/T 22853—2009	针织运动服
GB/T 1335.2—2008	服装号型　女子	GB/T 22854—2009	针织学生服
GB/T 1335.3—2009	服装号型　儿童	GB/T 2662—2008	棉服装
GB/T 2667—2008	衬衫规格	GB/T 2664—2009	男西服、大衣
GB/T 2668—2008	单服、套装规格	GB/T 2665—2009	女西服、大衣
GB/T 8685—2008	纺织品　维护标签规范　符号法	GB/T 2666—2009	西裤
		GB/T 14272—2011	羽绒服装
GB/T 14304—2008	毛呢套装规格	GB/T 18132—2008	丝绸服装
GB/T 15557—2008	服装术语	GB/T 4856—1993	针棉织品包装
GB/T 16160—2008	服装用人体测量的部位与方法	GB/T 6411—2008	针织内衣规格尺寸系列
		GB/T 8878—2009	棉针织内衣
GB/T 2660—2008	衬衫	GB/T 22849—2009	针织T恤衫
GB/T 23314—2009	领带		

表9-2　服装行业标准

标准编号	标准名称	标准编号	标准名称
FZ/T 80002—2008	服装标志、包装、运输和贮存	FZ/T 81006—2007	牛仔服装
		FZ/T 81007—2012	单、夹服装
FZ/T 80004—2006	服装成品出厂检验规则	FZ/T 81008—2011	茄克衫
FZ/T 80009—2004	服装制图	FZ/T 81009—1994	人造毛皮服装
FZ/T 43014—2008	丝绸围巾	FZ/T 81010—2009	风衣
FZ/T 81001—2007	睡衣套	FZ/T 81012—2006	围巾、披肩
FZ/T 81003—2003	儿童服装、学生服	FZ/T 81013—2007	宠物狗服装
FZ/T 81004—2012	连衣裙、裙套	FZ/T 81014—2008	婴幼儿服装

（续）

标准编号	标准名称	标准编号	标准名称
FZ/T 81015—2008	婚纱和礼服	FZ/T 73013—2010	针织泳装
FZ/T 43015—2011	桑蚕丝针织服装	FZ/T 73014—1999	粗梳牦牛绒针织品
FZ/T 73001—2008/XG1—2009	《袜子》行业标准第 1 号修改单	FZ/T 73015—2009	亚麻针织品
FZ/T 73005—2012	低含毛混纺及仿毛针织品	FZ/T 73016—2013	针织保暖内衣　絮片型
FZ/T 73006—1995	腈纶针织内衣	FZ/T 73017—2008	针织家居服
FZ/T 73009—2009	羊绒针织品	FZ/T 73018—2012	毛针织品
FZ/T 73010—2008	针织工艺衫	FZ/T 73019. 1—2010	针织塑身内衣　弹力型
FZ/T 73011—2013	针织腹带	FZ/T 73019. 2—2013	针织塑身内衣　调整型
FZ/T 73012—2008	文胸	FZ/T 73020—2012	针织休闲服装
		FZ/T 73022—2012	针织保暖内衣

二、ISO 9000 系列标准简介

ISO 9000 系列标准是指由国际标准化组织（ISO—International Organization for Standardization）的质量管理和质量保证技术委员会（ISO/TC 176）制定的所有 ISO 系列标准。ISO 9000 是指质量管理体系标准，它不是指一个标准，而是一系列标准的统称。是国际标准化组织（ISO）颁布的第一套具有管理性质的国际标准。

ISO 9000 质量体系认证是由国家或政府认可的组织以 ISO 9000 系列质量体系标准为依据进行的第三方认证活动，以绝对的权力和威信保证公开、公正、公平及相互间的充分信任。其系列标准发展历程如下：

1980 年，“质量”一词被定义为企业动作及绩效中所展现的组织能力。导致一些行业标准与国家标准的产生，而由于跨国贸易的逐渐形成，跨行业、跨国度的新标准也呼之欲出。

1987 年，国际标准化组织（ISO）成立 TC176 技术委员会，联系 53 个国家，致力于 ISO 9000 系列标准的发展。颁布 ISO 9000 系列质量保证体系标准。

1992 年，中国等同采用 ISO 9000 系列标准，形成 GB/T 19000 系列标准。欧共体提出欧共体内部各国企业按照 ISO 9000 系列标准完善质量体系，美国把此作为“进入全球质量运动会的规则”。

1994 年，国际标准化组织 ISO 修改发布 ISO 9000 ：1994 系列标准。世界各大企业，如：德国西门子公司、日本松下公司、美国杜邦公司等纷纷通过了认证，并要求他们的分供方通过 ISO 9000 认证。

1996 年，我国部分政府部门逐步将通过 ISO 9000 认证作为政府采购的条件之一，从而推动了我国 ISO 9000 认证事业迅速发展。2000 年国际标准化组织 ISO 修改发布 ISO 9000：2000 系列标准，更适应新时期各行业质量管理的需求。

随着全球经济的发展和国际竞争的加剧，导致顾客对质量的要求越来越高，是否拥有

ISO 9000 证书，已成为衡量一个企业是否持续生产满足客户要求的产品，是否具有与国际管理行为接轨能力的重要标志，因而ISO 9000 族标准已成为质量评价的基础和准则，已成为诸家渴望持续良性发展企业的质量管理最好的模式。

（一）ISO 9000：2008 版八项管理原则

成功地领导和运作一个组织，需要以一种系统化和透明的方式对其进行管理。建立一个根据所有利益方需求，持续改进业绩的管理体系，并予以实施和保持，可获得成功的结果。质量管理是管理一个组织的诸多管理项目之一。为促进质量目标的实现，应遵循以下八项质量管理原则：

1. 以顾客为中心

组织依存于顾客，因此组织应该理解顾客当前和将来的需求，满足顾客的要求并努力超越顾客的期望。

2. 领导的作用

领导者建立起组织统一的目标、方向和内部环境。员工能在他们创造的环境中充分参与组织目标的实现。

3. 全员参与

各级人员是一个组织的基础，他们的充分参与可使他们的能力得以发挥，使组织最大获益。

4. 过程的方法

将相关资源和活动作为过程进行管理，会更有效地实现预期的结果。

5. 管理的系统方法

针对设定的目标，通过识别、理解和管理由相互关联的过程组成的系统，可以提高组织的效率和有效性。

6. 持续改进

持续改进是组织的永恒目标。

7. 基于事实的决策方法

有效的决策基于对数据和信息的逻辑或知觉分析。

8. 与供方的互利关系

组织和供方的互利关系可提高双方创造价值的能力。

（二）ISO 9000 系列标准的基本思想

1）控制与产品有关的所有过程。

2）过程控制的出发点是预防不合格。

3）质量管理的中心任务是建立并实施文件化质量体系。

4）持续的质量改进。

5）一个有效的质量体系应满足顾客和组织内部双方的需要和利益。

6）定期评价质量体系。

7）搞好质量管理的关键在于领导。

（三）ISO 9000 质量管理体系的核心标准

2008 版 ISO 9000 系列标准包括以下一组密切相关的质量管理体系核心标准：

1. ISO 9000：2008《质量管理体系基础和术语》

表现了 ISO 9000 系列标准中质量管理体系的基础知识，并规定了质量管理体系的相关术语。

2. ISO 9001：2008《质量管理体系　要求》

标准规定了质量管理体系要求，使组织需要证实其具有稳定的提供顾客要求和适用法律要求产品的能力。

3. ISO 9004：2008《质量管理体系　业绩改进指南》

以八项质量管理原则为基础，帮助组织以有效和高效的方式识别并满足顾客和其他相关方的需求和渴望，实现保持和改进组织的整体业绩，从而使组织获得成功，不作为认证的依据。

4. ISO 19011：2008 质量和（或）环境管理体系审核指南

适用于所有运行质量和环境管理体系的组织，指导其内审和外审的管理工作。

2000 年 12 月 15 日 ISO 组织正式颁布 ISO 9000：2000 版

原企业获得 ISO 9000：1994 版证书在 2003 年 12 月 15 日起自动作废。

（四）ISO 9000 系列标准的特点和益处

1）ISO 9000 标准是一个系统性的标准，涉及的范围、内容广泛，且强调对各部门的职责权限进行明确划分、计划和协调，而使企业能有效地、有秩序地开展给各项活动，保证工作顺利进行。

2）强调管理层的介入，明确制订质量方针及目标，并通过定期的管理评审达到了解公司的内部体系运作情况，及时采取措施，确保体系处于良好的运作状态的目的。

3）强调纠正及预防措施，消除产生不合格或不合格的潜在原因，防止不合格的再发生，从而降低成本。

4）强调不断的审核及监督，达到对企业的管理及运作不断地修正及改良的目的。

5）强调全体员工的参与及培训，确保员工的素质满足工作的要求，并使每一个员工有较强的质量意识。

6）强调文化管理，以保证管理系统运行的正规性、连续性。如果企业有效地执行这一管理标准，就能提高产品（或服务）的质量，降低生产（或服务）成本，建立客户对企业的信心，提高经济效益，最终大大提高企业在市场上的竞争力。

ISO 9001 标准的特点和作用是 ISO 9000 系列质量保证模式标准之一，用于合同环境下的外部质量保证。可作为供方质量保证工作的依据，也是评价供方质量体系的依据。可作为企业申请ISO 9000系列质量体系认证的依据。它是开发/设计、生产、安装和服务的质量保证模式。用于供方保证在开发、设计、生产、安装和服务各个阶段符合规定要求的情况。对质量保证的要求最全，要求提供质量体系要素的证据最多。从合同评审开始到最终的售后服务。要求提供全过程严格控制的依据。要求供方贯彻“预防为主、检验把关相结合”的原则，健全质量体系，有完整的质量体系文件，并确保其有效运行。

（五）企业与ISO 9000质量管理体系认证

1. 实施ISO 9000标准的意义

（1）强化品质管理，提高企业效益；增强客户信心，扩大市场份额　负责ISO 9000品质体系认证的认证机构都是经过国家认可机构认可的权威机构，对企业的品质体系的审核是非常严格的。这样，对于企业内部来说，可按照经过严格审核的国际标准化的品质体系进行品质管理，真正达到法治化、科学化的要求，极大地提高工作效率和产品合格率，迅速提高企业的经济效益和社会效益。对于企业外部来说，当顾客得知供方按照国际标准实行管理，拿到了ISO 9000品质体系认证证书，并且有认证机构的严格审核和定期监督，就可以确信该企业是能够稳定地生产合格产品乃至优秀产品的信得过的企业，从而放心地与企业订立供销合同，扩大了企业的市场占有率。

（2）促使企业质量管理走上规范化、程序化、法制化的轨道　ISO 9000系列标准的核心是建立文件化质量体系。书面规定了必要的质量要素内容及实施程序。要求管理人员、操作人员和验证人员都必须按文件执行并加以记录。标准的实施保证企业的质量管理水平与世界等同。

（3）质量代表了一个企业的生产水平、管理水平和文化水平　产品质量的提高意味着经济效益的提高。当今世界经济的发展正经历着由数量型增长向效益型增长的转变。市场竞争也由价格竞争为主转向质量竞争为主。因此，要想使企业立于不败之地，只有靠强化质量管理，提高产品质量。

（4）降低质量成本，提高企业利润　质量成本=预防成本+鉴定成本+失败成本，其比例关系为：1∶10∶100（员工教育成本是预防成本，质量检验成本是鉴定成本，不合格品费用是失败成本）。以上比例意味着投入一元钱做质量的事先预防，将减少10元的检验费用，减少100元不合格品给企业带来的损失。企业在质量控制上投入最大的预防成本和适当的鉴定成本，建立更稳定的质量保证基础而尽量减少甚至杜绝失败成本，创造企业最大利润。

（5）满足客户要求，赢得用户信赖，扩大市场份额　在市场竞争日益加剧的时代，社会和用户对质量的期望值越来越高，已经不能满足于只凭抽检而证明的合格产品，他们要求产品从原材料到最终服务的全过程都是受控的，要求生产者对质量有更高的承诺和切实的验证手段。ISO 9000系列标准迎合了质量时代的需要。

(6) 取得市场通行证 随着全球经济一体化进程的加速和不可逆性，越来越多的企业家意识到市场竞争的规则在逐步统一。ISO 9000 系列标准已经成为全球企业在质量控制上的基本要求，要取得国际市场甚至国内市场的准入证，就必须踏进质量认证这道门槛。

(7) 提高了企业的知名度和声誉 第三方认证的方式和特点，使企业的知名度及声誉得以大大提高，特别是国际互认的实现，更使企业的这种无形资产通过 ISO 9000 质量体系认证充分升值，长远效益不可限量。

(8) 全员素质发生质变 尽管市场经济的压力使每个企业家有了切肤之痛，但企业员工的市场意识、质量意识都尚未发生质变。通过实施 ISO 9000 系列标准，理解工业化国家从几百年市场经济运行中总结出的管理经验，促进职工观念的转变，对企业在市场经济中发展具有重要的划时代意义，是企业永葆经营的成功关键。

(9) 有效地避免产品责任 各国在执行产品品质法的实践中，由于对产品品质的投诉越来越频繁，事故原因越来越复杂，追究责任也就越来越严格。尤其是近几年，发达国家都在把原有的“过失责任”转变为“严格责任”法理，对制造商的安全要求提高很多。例如，工人在操作一台机床时受到伤害，按“严格责任”法理，法院不仅要看该机床机件故障之类的品质问题，还要看其有没有安全装置，有没有向操作者发出警告的装置等。法院可以根据上述任何一个问题判定该机床存在缺陷，厂方便要对其后果负责赔偿。但是，按照各国产品责任法，如果厂方能够提供 ISO 9000 品质体系认证证书，便可免赔，否则，要败诉且要受到重罚。

2. 企业为什么要实施 ISO 9000 系列标准

(1) 顾客的要求 顾客为了确保得到的产品长期、稳定地满足质量要求，纷纷要求供方按 ISO 9000 族标准建立质量体系并通过认证，要求供方用健全的质量体系来保证供货产品满足要求且质量稳定，因为单纯靠产品抽样检验不可能有稳定的产品质量。

(2) 企业降低产品成本，提高经济效益的需要 贯彻实施 ISO 9000 系列标准，由该标准的基本思想决定了将大大减少或消除不合格产品，从而明显地降低产品成本，提高经济效益。

(3) 提高工作效率，规范企业管理的需要 贯彻实施 ISO 9000 系列标准，规范企业质量管理各项质量工作职责分明，消除扯皮现象，大大提高工作效率，同时可使企业最高管理者从琐碎的事物中解脱出来，有更多的精力策划企业的大事，并在企业中真正做到事事有人管，人人有责任。

(4) 提高企业的声誉，扩大企业知名度的需要 企业通过质量体系认证，证明企业已按 ISO 9000 系列中质量保证标准建立并有效实施了质量体系，实现了与国际接轨，企业具备了满足顾客要求的充足的质量保证能力，从而取得顾客的信任，扩大了企业的知名度，促进了业务的发展，大幅度地提高产品的销售额。

(5) 开拓国内外市场的需要 通过 ISO 9000 系列标准，一方面企业具备了满足顾客要求的质量保证能力，取得顾客信任，知名度提高了，从而可大大扩大国内市场占有率，同时由于我国ISO 9000认证已取得了国际互认，因此也就为通过认证企业的产品打入国际市场开辟了通道，现在大多数国外厂商在和国内企业进行业务洽商时，明确要求提供方要通过ISO 9000认证。随着中国加入WTO，各行业将进一步推进国际标准化进程，ISO 9000认证工作会变得十分迫切。

总之，贯彻实施ISO 9000系列标准并通过认证是企业生存和发展的需要，也是顾客的要求和产品顺利进入国际市场的需要。

（六）ISO 9000：2008质量管理体系文件结构

1. 质量手册（QM）

质量手册的主要功能是将管理层的质量方针及目标以文件形式告诉全体员工或顾客，是为了确保质量而说明“做了哪些工作以保证质量”。

2. 程序文件（QP）

程序文件是指导员工如何进行及完成质量手册内容所表达的方针及目标的文件。

3. 作业指导书（WI）

作业指导书详细说明特定作业是如何运作的文件。

4. 记录表格（F）

记录表格是用于证实产品或服务是如何依照所定要求运作的文件。

三、服装生产各工序间的质量管理内容

服装生产各工序包括面料入厂、技术文件制定、裁剪、缝制、锁钉、整烫、包装等一系列生产制作服装产品的全过程。在整个生产过程中，质量管理内容就是要组织好各工序的质量检验工作，随时掌握生产质量动态，控制产品质量，严格把关，建立能够稳定地生产合格产品的生产系统。

（一）原辅材料的检验

服装的原材料是构成服装产品的基础，把好原辅材料的质量关，防止不合格的原辅料投入生产，是整个服装生产过程中质量控制的基础。

1. 原辅料入库前的检验

1）材料的品号、品名、规格、花型、色泽等是否与入库通知单及发货票相符。

2）材料的包装是否完好、整洁。

3）核对材料的数量、尺寸及门幅等内容。

4）检验材料外观及内在质量。

2. 原材料保管状况的检验

1）仓库环境条件：湿度、温度、通风等条件是否适合有关原辅材料的储存，如毛织物的仓储应具备防潮、防蛀等要求。

2）仓库场地是否整洁、货架是否光洁，以免沾污或损坏材料。

3）材料堆放是否整齐，标志是否清晰。

（二）工具设备的复核

工具设备包括服装生产用的工具、量具、工艺装备、机器设备等。工具设备是决定产品质量的重要因素之一，属于生产中的硬件部分。

1. 工具设备购入及使用时的验收

这主要核对设备的型号、规格，设备数量及零部件、配件的完整性，设备运转情况及各项性能是否处于良好状态。

2. 工具设备保管复核

1）存放设备的环境条件：如湿度、通风条件是否适合相应工具设备的存放。

2）是否已采取防潮、防锈、防尘等措施。

3）工具设备存放是否整齐，有无乱堆、乱压而造成变形或损坏等情况。

（三）技术文件的审核

技术文件是影响产品质量的主因，属于生产中的软件部分。在产品投产前，必须对各项技术文件进行严格审查，确保正确无误。

1. 生产通知单的审核

对即将发放到各生产车间的生产通知单中的各项技术指数，进行严格仔细审核。如所要求的规格、颜色、件数是否正确，原辅材料之间是否一一对应等内容，确认无误签字后，再向下发放投入生产。

2. 缝制工艺单的审核

对所制定的缝制工艺标准进行复核检查，核对有无遗漏和错误。

1）各部位的缝合顺序是否合理、顺畅，缝迹缝型的形式及要求是否正确。

2）各部位的操作规程、技术要求是否正确明白。

3）特殊的缝制要求是否明确指出。

3. 样板质量的审核

服装样板是排料画样、裁剪和缝制等生产工序中必不可少的技术依据，在服装的技术文件中具有重要的地位，对样板的审核及管理要认真细心。

（1）样板的复核

1）大小样板数量是否齐全，是否有遗漏。

2）样板上的书写标记（款号、规格等）是否准确，是否有遗漏。

3）复核样板各部位的尺寸规格，若样板中包括缩水率，需核对缩水量是否留够。

4）各衣片样板间的缝合处尺寸是否准确一致，形状是否吻合，如前、后衣片的侧缝、肩缝等处的尺寸是否一致，袖山与袖窿的尺寸是否达到要求等。

5）同规格的面、里及衬的样板之间是否相互匹配。

6）定位标记（定位孔、剪口）、省位、褶裥位等是否准确，是否有遗漏。

7）按大小规格将样板码齐，观察样板跳挡是否正确。

8）经纱标记是否正确，是否有遗漏。

9）样板边缘是否光滑圆顺，刀口是否齐直。当复核审验合格后，需沿样板的边缘加盖审核章，并登记发放使用。

（2）样板的保管

1）将各种不同种类的样板分类、分档，以便查找。

2）做好立卡登记工作，样板登记卡上应记载样板原有编号，大小样板的片数、品名、型号、规格系列及存放位置等信息。

3）合理放置，防止样板变形。如将样板放在搁架上时，应大样板在下，小样板在上，搁放平整。吊挂存放时，应尽可能使用夹板。

4）样板通常放在通风干燥处，以防止受潮变形，同时要避免阳光直接曝晒以及虫蛀鼠咬。

5）严格执行样板的领用手续及注意事项。

6）利用计算机绘制的样板，保存和调用均比较方便，同时可减少样板的存放空间，只需注意样板文件多留几个备份，以防文件丢失。

（四）裁剪过程中质量控制

1. 裁剪的要求

裁剪是服装加工的第一个环节，裁剪质量是保证缝制质量的前提。在对面料正式裁剪前，应注意以下项目的核查，把好裁剪的质量关。

1）核对原、辅料收缩率，测试数据。

2）原、辅料等级是否符合要求。

3）面料纬斜是否超标。

4）样板规格是否准确。

5）色差、疵点、亏损、残破等是否超标。

6）大小样板数量与样板登记卡是否一致。

7）用料率定额是否明确，面料幅宽与生产通知单是否符合。

8）技术要求和工艺规定是否清楚明确。

2. 排料画样的审核内容

1）排料图上的样板型号、规格及面料的品号、色泽、门幅等与生产通知单是否相符。

2）面料正、反面有无画错。

3）大小样板有无漏画或错画。

4）排料图上衣片经纱方面是否偏斜，有否超差。

5）衣片的倒顺向、拼接、对条对格等是否符合技术要求。

6）总用料率是否低于额定耗用标准。

7）画样是否清晰，每个裁片的规格是否准确，定位标记有否漏画或错画。

3. 铺料质量控制内容

1）所铺面料的品号、色号、花号是否与生产通知单相符。

2）铺料的幅宽、长度是否与排料图相符。

3）铺料的方式是否符合工艺技术要求。

4）铺料的正反面、倒顺向、对条、对格及对花是否符合技术要求。

5）每个色泽或花型所铺层数与裁剪方案是否相符。

4. 验片、打号、分扎包的审核

1）检验裁片的规格，将第一层裁片和最底层裁片进行比较，检验规格是否一致，发现问题及时修正。

2）逐层翻验衣片有无疵点、残缺，发现及时更换。

3）检验对条格、图案和倒顺毛的裁片是否符合工艺要求。

4）各裁片的编号是否清楚、准确，有无错编、漏编或重复编号现象。

5）同包内各部件规格是否相配。

6）包内部件是否理齐扎好。

7）包外标签是否标准、清晰、正确，如产品批号、规格、色号、花号、数量等是否与包内相符。

（五）生产流水过程中的质量控制

生产缝制是服装生产过程中的主要环节，所涉及的工序、人员及设备均较多，是易发生质量问题的部门，也是质量控制的重点。

1. 缝制前的要求

1）领取衣片时，核对是否与生产通知单中的批号、规格及款式相符合。

2）核对每包或每扎的裁片数。

3）核对衣片规格尺寸有否变形。

4）核对工艺单和样衣是否符合。

5）核对裁片需组合部位是否吻合。

6）核对辅料、衬料与面料是否匹配。

7）操作要求是否清楚、明白、正确。

2. 缝制加工中的质量控制

这主要检查实际生产加工过程中是否按照规定的工艺流程、规定的工艺设备及规定的工艺方法进行。

1）所使用的各种辅料，如线、带子、扣、填充料及衬料等是否与规定的相符。

2）缝制质量是否符合工艺技术要求，如兜牙宽窄是否一致，缝迹整齐与否，各部位对条、对格是否在要求范围内等。

3）中间熨烫质量是否符合要求，如分缝是否熨烫到位且平挺。

4）商标、规格标志及成分与洗涤标志等是否钉准、钉牢。

5）部件尺寸及半成品尺寸的误差是否在允差范围内。

6）产品是否整洁，无油污、水渍、浆点、损坏等情况。

3. 缝制过程中检验点的设置

在缝制过程中的检验也称中间检验，如果检验点设置得合理，不仅能大大减少返修劳动量，同时能及早地找出质量问题的根源，控制不合格品的产生。不同款式的服装，其检验点位置的设置不同，可参照以下几点：

1）由检验点验出的疵病，应不必为返修疵点而拆开完好的成品。

2）检验点应不被以后的工序所覆盖。

3）合理配置检验员，并提供适当的工作量。

（六）后整理过程中的质量控制

1. 锁钉质量检验内容

1）锁眼、钉扣线的性能、颜色是否与面料相匹配。

2）扣眼间距是否与工艺要求一致。

3）锁眼的针迹密度是否符合标准要求。

4）纽扣钉得是否与扣眼位置一致，扣上后是否平服。

5）钉扣是否牢固、耐用。

2. 整烫质量检验内容

1）熨烫外观是否平挺或符合设计要求。

2）有无烫黄、烫焦、变硬、水花、亮光、渗胶等现象。

3）线头、污渍是否清除。

4）折叠形式是否符合要求。

5）零部件是否放于服装的指定位置。

四、典型服装质量检验的内容与方法

（一）衬衫检验

1. 规格测量方法

规格测量方法见图9-2和表9-3。

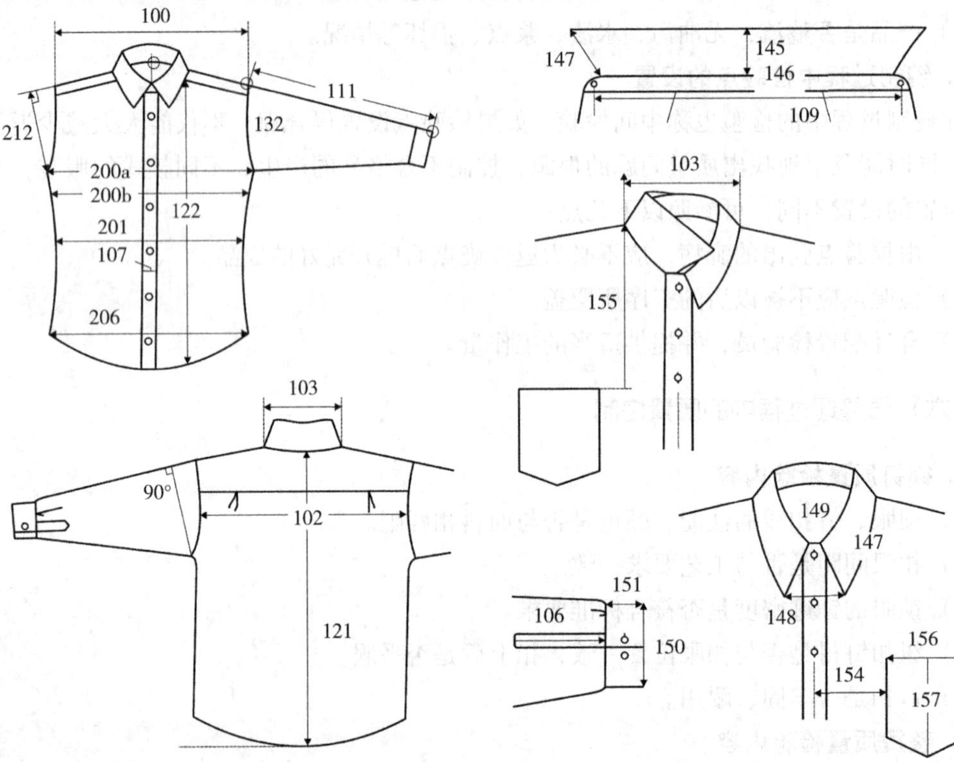

图 9-2　男衬衫测量方法示意图

表 9-3　男衬衫各部位测量方法和要领

代　号	测 量 部 位	测量方法和要领
100	肩宽	铺平服装，从左肩点量至右肩点
102	后背宽	铺平服装背部，测量左右两袖窿间的最近水平宽度
103	领横宽	铺平服装，测量左右领外口与肩线相交点两点间的距离
106	袖侧衩长	将袖铺平，从袖口或袖头量至袖衩顶端
107	门襟宽	铺平服装门襟，从门襟一边量至另一边
109	领围	打开服装衣领扣，铺平服装衣领，从底领纽扣中间量至另一端底领扣眼外边缘
111	袖长	铺平服装衣身和袖，从肩点经肘量至袖口
121	后中长	铺平服装后背，从后领窝中点量至底摆边
122	前身长	铺平服装前身，从底领下口与肩线的交点量至底摆边
132	袖窿	铺平服装，从袖窿的顶端沿袖窿线量至腋下点
145	翻领高	铺平领子，从翻领与底领的缝合线中点直量至领边
146	底领高	铺平领子，从底领与衣身的缝合线的中点直量至翻领的缝合处
147	领尖长	从领尖点量至翻领与底领的缝合处
148	领尖距	铺平服装前部，扣好衬衫纽扣，从一领尖点量至另一领尖点
149	领嘴	铺平服装前部，扣好衣领扣，量两底领边缘之间的距离
150	袖头长	铺平袖头，沿边测量

（续）

代　号	测量部位	测量方法和要领
151	袖头宽	铺平袖头，从袖头与袖子缝合处量至袖头外边
154	前中袋位	铺平服装，从服装前中线水平量至最近的袋边
155	袋位	铺平服装，从肩线与底领缝合点（侧颈点）垂直量至袋口
156	袋口宽	从袋口一边量至袋口另一边
157	袋深	从袋口垂直量至袋底最低点
200a	胸围	铺平服装，扣好纽扣，在腋底处，从一边线量至另一边线
200b	胸围	铺平服装，扣好纽扣，在腋下 2.5cm 处，从一边线量至另一边线
201	腰围	铺平服装，扣好纽扣，在腰部最细处从一边线量至另一边线
206	摆围	铺平服装，扣好纽扣，在底摆处，从一边线量至另一边线
212	袖宽	铺平袖子，从腋底处量至袖子外边缘，软尺与该边要成90°角

2. 衬衫各部位疵点划分

衬衫各部位疵点见图 9-3 和表 9-4。

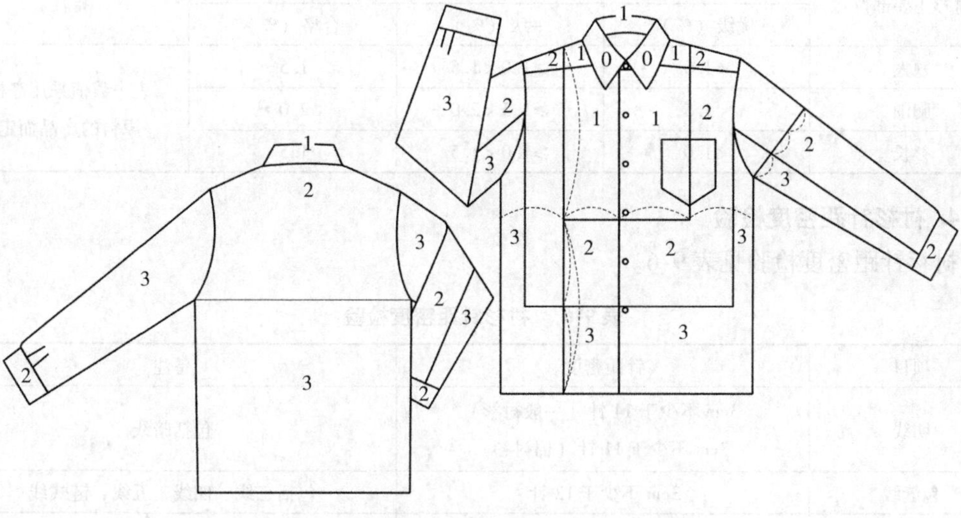

图 9-3　衬衫各部位疵点划分示意图

表 9-4　衬衫各部位疵点规定　（单位：cm）

疵点名称	各部位允许疵点存在程度			
	0 部位	1 部位	2 部位	3 部位
粗于一倍粗纱 2 根	0	长 3.0 以下	不影响外观	长不限
粗于二倍粗纱 3 根	0	长 1.5 以下	长 4.0 以下	长 6.0 以下
粗于三倍粗纱 4 根	0	0	长 2.5 以下	长 4.0 以下
双经双纬	0	0	不影响外观	长不限
小跳花	0	2 个	6 个	不影响外观
经缩	0	0	长 4.0、宽 1.0 以下	不明显

（续）

疵点名称	各部位允许疵点存在程度			
	0 部位	1 部位	2 部位	3 部位
纬密不均	0	0	不明显	不影响外观
颗粒状粗纱	0	0	0	0
经缩波纹	0	0	0	0
断经或纬 1 根	0	0	0	0
搔损	0	0	0	轻微
浅油纱	0	长 1.5 以下	长 2.5 以下	长 4.0 以下
色档	0	0	轻微	不影响外观
轻微色斑	0	0	0.2×0.2 以下	不影响外观

3. 衬衫主要部位水洗收缩率规定

衬衫主要部位水洗收缩率规定见表 9-5。

表 9-5 衬衫主要部位水洗收缩率规定

衬衫主要部位	水洗收缩率			备注
	优级（%）	一级（%）	合格（%）	
领大	<1.0	≥1.0 <1.5	1.5	表中数值采用涤棉原料的产品而定
胸围	<1.5	≥1.5 <2.0	2.0	
衫长	<1.0	≥1.0 <1.5	1.5	

4. 衬衫针距密度检验

衬衫针距密度检验见表 9-6。

表 9-6 衬衫针距密度检验

项目	针距密度	备注
明线	3cm 不少于 14 针（一般衬衫） 3cm 不少于 11 针（棉衬衫）	包括暗线
包缝线	3cm 不少于 12 针	包括三线、四线、五线、链式线
锁眼	1cm 不少于 15 针	—
钉扣	每眼不低于 6 根线	—

5. 衬衫缝制质量检验

1）各部位缝制线路整齐、牢固、平服。

2）上下线松紧适宜，无跳线、断线，起止针处应有来回针。

3）0 部位不允许跳针、结线，其他部位 30cm 内不得有两处单跳针（链式线迹不允许跳线）。

4）领子平服，领面松紧适宜，不反翘、不起泡、不渗胶。

5）袖、袖子及口袋与衣片的缝合部位均匀、平整、无歪斜。

6）商标位置端正，号型标志清晰正确。

7）锁眼位置准确，扣与眼对位，整齐牢固。

（二）西裤检验

1. 西裤规格测量方法

西裤规格测量方法见图9-4和表9-7。

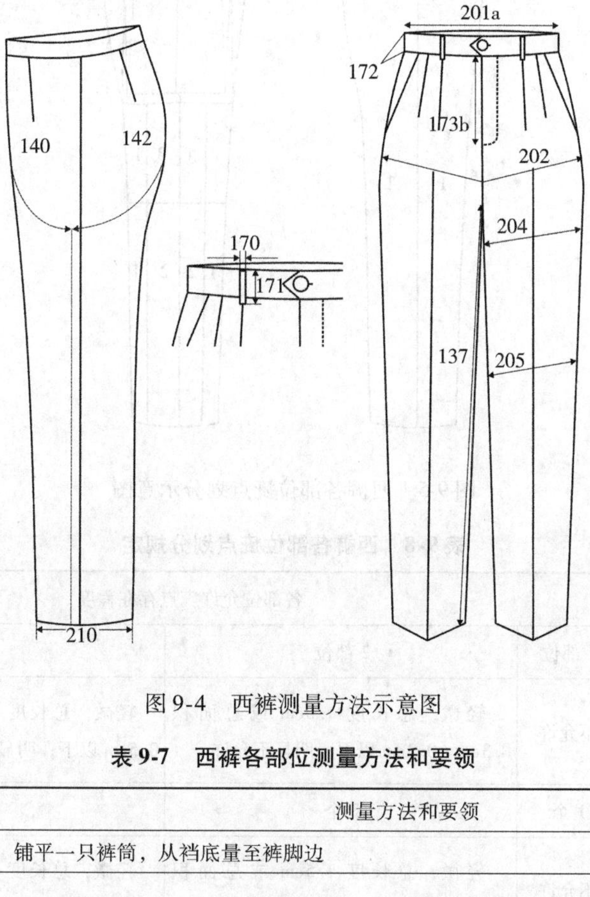

图9-4　西裤测量方法示意图

表9-7　西裤各部位测量方法和要领

代　号	测量部位	测量方法和要领
137	下裆长	铺平一只裤筒，从裆底量至裤脚边
140	前裆（包括腰头）	铺平前部，抚平腰头至裆底线位置，从裆底缝顺前裆缝量至腰头顶端
142	后裆（包括腰头）	铺平后部，抚平腰头至裆底线位置，从裆底缝顺后裆缝量至腰头顶端
170	串带宽	从串带一边横量至另一边
171	串带长	从串带上边线量至下边线
172	腰头高	铺平腰头，从腰头上端直量至腰头下端
173b	前门襟长	铺平门襟处，从腰口位（不包括腰头）量至门襟开口处
201a	腰围	铺平腰头，沿腰头上边从一边量至另一边×2
202	臀围	铺平裤身，在裆底至腰口（不包括腰头）1/3处，从一边量至另一边（用V形量度）×2
204	横裆围	铺平裤前部，在裆底下2.5cm处一边量至另一边×2
205	膝围	铺平裤筒，在膝围线处从一边量至另一边
210	裤脚口宽	铺平脚口，从脚口边线一边量至另一边

2. 西裤各部位疵点划分

西裤各部位疵点划分见图 9-5 和表 9-8。

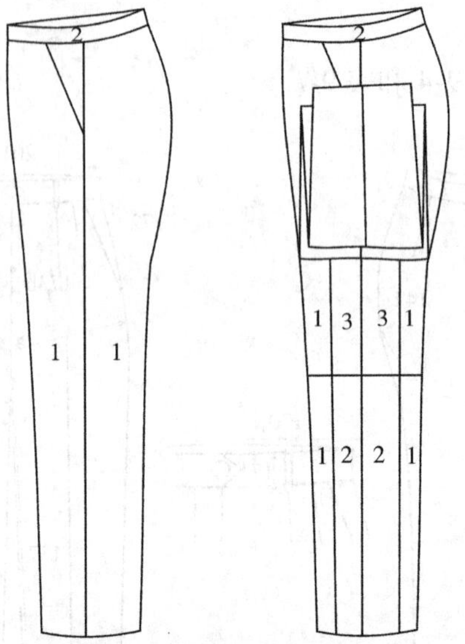

图 9-5 西裤各部位疵点划分示意图

表 9-8 西裤各部位疵点划分规定

疵点名称	各部位允许疵点存在程度		
	1 部位	2 部位	3 部位
纱疵	不允许	轻微，总长度 1.0cm 或总面积 0.3cm×0.3cm 以下；明显不允许	轻微，总长度 1.5cm 或总面积 0.5cm×0.5cm 以下；明显不允许
毛粒	1 个	3 个	5 个
条印、折痕	不允许	轻微，总长度 1.5cm 或总面积 1.0cm×1.0cm 以下；明显不允许	轻微，总长度 2.0cm 或总面积 1.5cm×1.5cm 以下；明显不允许
斑疵（油污、锈斑、色斑、水渍、粉印）	不允许	轻微，总面积 0.3cm×0.3cm 以下；明显不允许	轻微，总面积 0.5cm×0.5cm 以下；明显不允许
破洞、磨损、蛛网	不允许	不允许	不允许

注：1. 轻微疵点是指直观上不明显，通过仔细辨识才可看到的疵点；明显疵点是指直观上较明显，影响总体效果的疵点。

2. 未列入本标准的疵点，按其形态参照表中所列相似疵点判定。

3. 西裤针距密度检验

西裤针距密度规定见表 9-9。

表 9-9　西裤针距密度规定

项目		针距密度	备注
明暗线		3cm11～14 针	
包缝线		3cm 不少于 10 针	—
手工针		3cm 不少于 7 针	—
三角针	腰口	3cm 不少于 9 针	以单面计算
	脚口	3cm 不少于 6 针	
锁眼	细线	1cm12～14 针	—
	粗线	1cm 不少于 9 针	—
钉扣	细线	每孔不少于 8 根线	缠脚线高于止口厚度相适应
	粗线	每孔不少于 4 根线	

4. 西裤缝制质量检验

1）各部位缝制线路顺直、整齐、牢固，绱拉链平服，无连根线头。

2）上下线松紧适宜，无跳线、断线。起止针处应有回针。底线不得外露。

3）下裆缝上 1/2 处、后裆缝、小裆缝缉两道线或用链式线迹缝制。

4）袋布得垫料要折光或包缝。

5）袋口两端封口牢固、整洁。

6）各部位缝份不小于 0.8cm（开袋、门襟止口除外）。

7）锁眼定位准确，大小适宜，扣与眼对位，整齐牢固。

8）商标、耐久性标签位置端正、清晰准确。

9）各部位明线和链式线迹不允许跳针，明线不允许接线，其他缝纫线迹 30cm 内不得有两处单跳或连续跳针，不得脱线。

5. 西裤外观质量检验

西裤外观质量要求见表 9-10。

表 9-10　西裤外观质量要求

部 位 名 称	外观质量检验要求
腰头	面、里、衬平服，松紧适宜
门、里襟	平服、松紧适宜，长短互差不大于 0.3cm，门襟不得短于里襟
前、后裆	圆顺、平服，裆底十字缝互差不大于 0.2cm
串带	长短、宽窄一致，位置准确、对称，前后互差不大于 0.4cm，高低互差不大于 0.2cm
裤袋	袋位高低、袋口大小互差不大于 0.5cm，袋口顺直平服，袋布服装牢固
裤腿	两裤腿长短、肥瘦互差不大于 0.3cm
裤脚口	两裤口大小互差不大于 0.3cm，吊脚不大于 0.5cm，裤口边缘顺直

（三）西服、大衣检验

1. 西服规格测量方法

西服规格测量方法见图 9-6 和表 9-11。

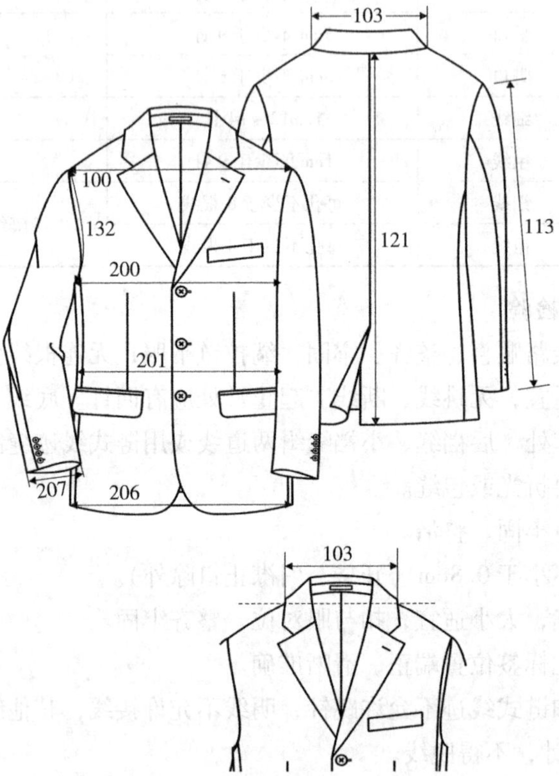

图 9-6 西服测量示意图

表 9-11 西服各部位测量方法和要领

代 号	测量部位	测量方法和要领
100	肩宽	铺平服装，从左肩点量至右肩点
103	领横宽	铺平服装，测量左右领外口与肩缝相交的两点间的距离
104	前领深	铺平服装前部，从驳领的翻折处向上直量至肩颈点的水平处
105	后领深	铺平服装后部，从后领中肩颈点的水平线直量至后领窝最低点
113	袖长	铺平服装，从肩点顺肘量至袖口边线
121	后中长	铺平服装后身，从后领窝中点量至底摆边线
132	袖窿	铺平服装，从肩点沿袖窿线量至腋下点
200	胸围	铺平服装，扣好纽扣，在腋下 2.5cm 处，从一边量至另一边 ×2
201	腰围	铺平服装，扣好纽扣，在腰节线处，从一边量至另一边 ×2
206	摆围	铺平服装，扣好纽扣，在底摆处从一边量至另一边 ×2
207	袖口宽	铺平袖子，从袖口边处一边量至另一边

2. 西服、大衣各部位疵点划分

西服、大衣各部位疵点划分见图 9-7 和表 9-12。

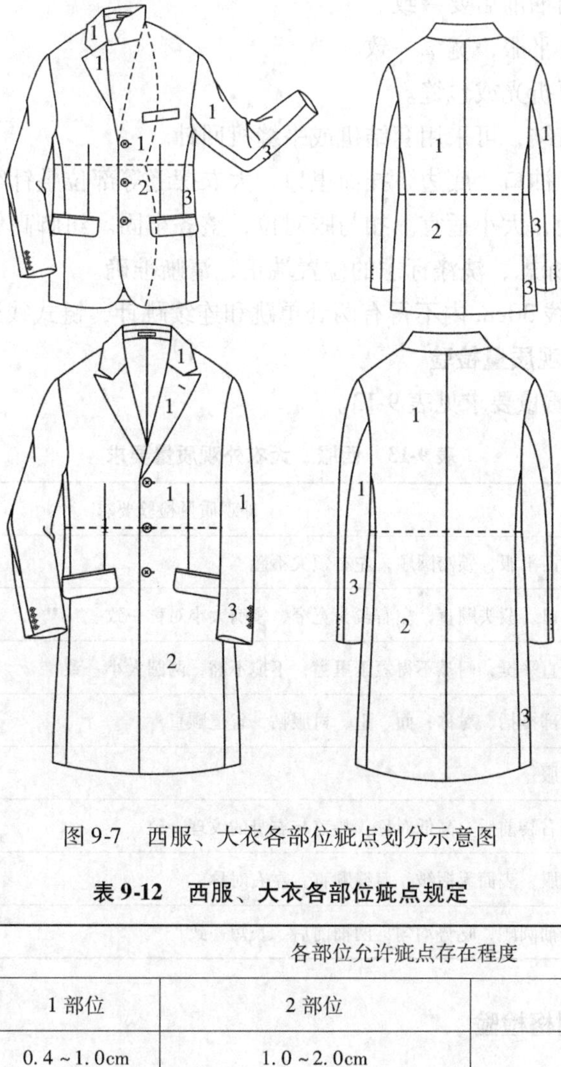

图 9-7 西服、大衣各部位疵点划分示意图

表 9-12 西服、大衣各部位疵点规定

疵点名称	各部位允许疵点存在程度		
	1 部位	2 部位	3 部位
粗于一倍粗纱	0.4～1.0cm	1.0～2.0cm	2.0～4.0cm
大肚纱（三根）	不允许	不允许	1.0～4.0cm
毛粒	2 个	4 个	6 个
条痕（折痕）	不允许	1.0～2.0cm 不明显	2.0～4.0cm 不明显
斑疵（油、锈、色斑）	不允许	总面积不大于 0.3cm×0.3cm 明显不允许	总面积不大于 0.5cm×0.5cm 明显不允许

3. 西服、大衣针距密度检验（同西裤）

4. 西服、大衣缝制质量检验

1）各部位缝制线路顺直、整齐、牢固、平服。

2）上下线松紧适宜，无跳线、断线，起止针处应有来回针。

3）领子平服，领面松紧适宜。

4）绱袖圆顺，两袖前后要一致。

5）滚条、压条要平服，宽窄一致。

6）袋布的垫料要折光或包缝。

7）袋口两端应打结，可采用套结机或平缝机回针。

8）袖窿、袖缝、袖口、底边、挂面里口、大衣摆缝等部位叠针牢固。

9）锁眼定位准确，大小适宜。扣与眼对位，整齐牢固。纽脚高低适宜，线结不外露。

10）商标、号型标志、洗涤标志的位置端正，清晰准确。

11）各部位缝纫线30cm内不得有两处单跳和连续跳针，链式线迹不允许跳针。

5. 西服、大衣外观质量检验

西服、大衣外观质量要求见表9-13。

表9-13 西服、大衣外观质量要求

部位名称	外观质量检验要求
领子	领面平服，领窝圆顺，左右领尖不翘
驳头	串口、驳头顺直，左右驳头宽窄、领嘴大小对称一致
止口	顺直平挺，门襟不得短于里襟，不搅不豁，两圆大小一致
前身	胸部挺括、对称，面、里、衬服帖，省道顺直
后背	平服
袋、袋盖	左右袋前后、高低对称，袋盖与衣身的纹理一致
肩部	平服，表面无褶皱，肩缝顺直，左右对称
袖子	绱袖圆顺，吃势均匀，两袖前后、长短一致

（四）服装对条对格检验

服装面料有明显条格在1cm以上的，应对服装进行对条对格检验，如图9-8所示。

（五）服装质量检验的方式

1. 按检验数量划分

（1）全数检验 全数检验是指对一批待检产品进行检验。这种方式一般来说比较可靠。同时能够提供较全面的质量信息。如果希望检查得到百分之百的合格产品，唯一可行的办法就是进行全数检验，甚至一次以上的全检。

全数检验有以下几种固定的特点：

1）检验的工作量大。

2）检验周期长。

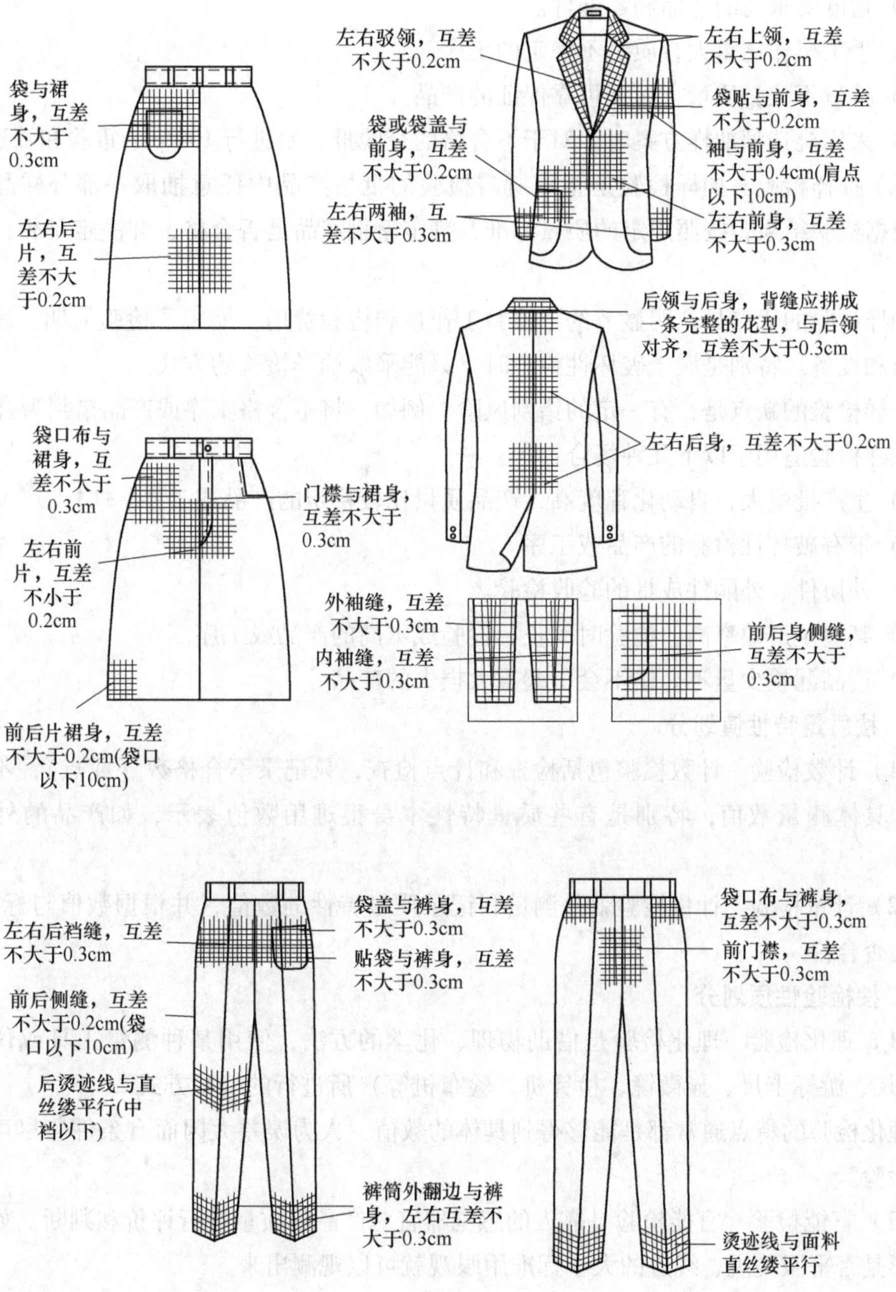

图9-8 服装对条对格示意图

3）检验成本高。

4）要求检验人员和设备较多。

5）会产生漏检率和错检率。

6）不适合破坏性的检验项目。

全数检验适用于以下几种场合：

1）精度要求高的产品和零部件。

2）手工操作比重大，质量不稳定的工序。

3）批量不大，质量方面无可靠保证的产品。

4）采用挑选型抽样方案时，对于不合格的交验批，要进行100%的重验和筛选。

（2）抽样检验　抽样检验是指从所需检验的批量产品中任意抽取一部分样品进行检验，根据检验结果，按照规定的质量标准，判定整批产品是否合格，并决定是否接受该批产品。

抽样检验的优点是，明显节约了检验工作量和检验费用，缩短了检验周期，减少了检验人员和设备。特别是属于破坏性检验时，只能采取抽样检验的方式。

抽样检验的缺点是，有一定的错判风险。例如，将不合格工序或产品错判为合格。

抽样检验适用于以下几种场合：

1）生产批量大，自动化程度高，产品质量比较稳定的产品或工序。

2）带有破坏性检验的产品或工序。

3）外协件、外购件成批的验收检验。

4）某些生产效率高，检验时间长、检验成本高的产品或工序。

5）产品漏检少量不合格不会引起重大损失的产品。

2. 按质量特性值划分

（1）计数检验　计数检验包括检查和计点检查，只记录不合格数（或点），不记录检测后的具体测量数值，特别是有些质量特性本身很难用数值表示，如产品的外形是否美观。

（2）计量检验　计量检验就是测量和记录质量特性的数值，并根据数值与标准对比，判断是否合格。

3. 按检验性质划分

（1）理化检验　理化检验是借助物理、化学的方法，使用某种测量工具或仪器设备（千分尺、游标卡尺、显微镜、检针机、验布机等）所进行的检验方式。

理化检验的特点通常都是能够得到具体的数值，人为误差大因而有条件应尽可能采用理化检验。

（2）官能检验　官能检验是靠人的感觉器官对产品的质量进行评价和判断。如对产品的外形是否平服美观、线迹的大小标准用眼观就可以观测出来。

4. 按检验后检验对象的完整性划分

（1）破坏性检验　有些产品的检验带有破坏性，就是产品检验后本身不复存在或是被破坏的不能再使用了。如消防服装的耐高温试验、泳装的弹性试验等。

破坏性检验只能采用抽样检验的形式，其主要矛盾是如何实现可靠性和经济性的统一，也就是寻求一定可靠又使检验数量最少的检验方案。

（2）非破坏性检验　非破坏性检验就是检查对象被检验后仍然完好无损，丝毫不影响其外观及使用性能。

5. 按检验地点划分

（1）固定检验　固定检验就是指在车间生产流水线中序和后序上设置固定的检验流程站，生产出的半成品或成品都必须经过检验站检验合格后才能通过，否则进行返修或处理。

（2）流动检验　流动检验是指安排技术质检人员经常到车间生产线上进行线上的工序质量检验，从头道工序到最后一道工序必须检查到位，查出问题及时告知班小组长或车间主任及时改正。

（六）成衣等级确定

1. 等级划分原则

成品等级划分以缺陷是否存在及其轻重程度为依据。所谓缺陷是由于单件产品不符合标准所规定的技术要求而构成的，按照产品不符合标准和对产品的使用性能、外观的影响程度，缺陷可分为以下三类：

（1）严重缺陷　严重降低产品的使用性能，且严重影响产品外观的缺陷为严重缺陷。

（2）重缺陷　不降低产品的使用性能，但严重影响产品外观的缺陷为重缺陷。

（3）轻缺陷　不符合标准规定，但对产品的使用性能和外观影响较小的缺陷为轻缺陷。

2. 检验抽样规则

服装产品检验时，采用抽样的方法。抽样数量按产品批量决定。各种成品服装检验抽样数量见表9-14。

表9-14　成品服装检验抽样数量

服 装 种 类	抽 样 数 量
男女西服、大衣、睡衣套、牛仔服、茄克衫	200件（含200件）以下，抽验10件 200～500件（含500件），抽验20件 500件以上，抽验30件
人造毛皮服装、羽绒服、风雨衣、衬衫、单服装	500件及以下，抽验10件 500～1000件及以下，抽验20件 1000件以上，抽验30件

抽验中，各批量规定数要符合标准规定（或漏验率不高于10%），判定为合格等级的，可批量出厂。如果批量判定数不符合标准规定时（漏验率高于10%），应进行第二次抽验，抽验数量应增加一倍。如仍不符合标准规定（漏验率仍高于10%），应全部修理、调换或降等级。

3. 等级判定规则

抽验样本中的单件产品以缺陷的数量及轻重程度划分等级，批量产品以样本的品等及其数量划分等级。例如，西服、大衣单件等级和批量等级判定规则见表9-15和表9-16。

表 9-15　西服、大衣单件等级判定规则

缺陷种类 等级	严重缺陷数	重缺陷数	轻缺陷数
优等品	≤0	≤0	≤4
一等品	≤0	≤1	≤6
合格品	≤0	≤2	≤7

表 9-16　西服、大衣批量等级判定规则

等级	优等品数	一等品数	合格品数	不合格品数（不含严重缺陷）
优等品	≥90%	≤10%		
一等品		≥90%	≤10%	
合格品			≥90%	≤10%

衬衫、风雨衣等级划分按样本中单件产品达到国家标准中规定的质量要求和技术条件级别划分等级。批量产品的等级除男女单服装、茄克衫和人造毛皮服装分为一等品和合格品两个等级外，其余各种成品服装均分为三个等级（优等、一等、合格或一等、二等、三等）。

我的收获：

我的疑惑：

项目测评：

1. 简述服装质量管理的目的。

2. 简述生产流水过程中的质量控制。

3. 具体实物操作检验过程（实际操作）。让同学们拿出西裤、西服、衬衫等服装，分别进行实际测量、检验等操作。

项目 10

服装物料管理

项目任务 1. 了解物料管理的基本知识。
2. 掌握采购的方式和方法。
3. 掌握物料存货控制的原则及方法。

身边事

这一天，艾芙奉命去仓库领取材料，本以为仓库管理员只是看看大门，拿拿物品而已。可是当她看到库管员用计算机完成进出库过程，以及填写大量的单据，才知道，原来库管工作也是学习的重要组成部分。

一、物料管理概述

（一）物料的分类

所谓物料是生产单位维系生产活动持续不断进行中所需物品的总称。对于服装企业而言，按物料在生产过程中所起的作用，主要分为以下几类：

（1）原材料　经生产加工构成产品实体的主要材料，如面料、里料、胆料等。

（2）辅助材料　用于生产服装产品，但不构成产品实体的零配件材料，如拉链、纽扣、缝纫线等。

（3）工具　辅助服装产品的完成，但不构成产品实体的各种刀具、模具等，如剪刀、尺子、画粉、纸张等材料。

（4）燃料　用于生产、运输等产生热能、动能的可燃性物质。

（5）动力　用于生产和管理等方面的电力、蒸汽、压缩空气等。

（二）物料管理的范围及重要性

服装生产企业的物料管理通常由以下几项活动组成：

1）预测物料需求，编制用料计划。

2）进行存量控制，拟订最佳订购量。

3）寻找货源和采购所需物料。

4）物料的控制与仓储管理。

服装企业为了保证生产能有条不紊地进行，充足、及时的物料供应是必不可少的条件之一。因此，服装企业必须进行有效的物料管理，即对企业所需的各种生产物料进行有计划的供应、采购及仓储保管等，并力求在此过程中以最小的消耗和最低的成本获得最大的经济效益。

物料管理的优劣直接关系着生产系统运作的顺畅与否，直接影响生产计划的达成、品质的保证、生产成本的控制、企业资金的周转、场地空间的利用等，因此，物料管理在服装企业的生产管理系统中是非常重要的一项内容。

二、编制物料的需求计划

维持服装企业正常的生产需要源源不断的物料供应，一般大多数企业总会保持一定量的生产物资的库存以维持生产能够及时地进行，同时通过有计划地采购相关物料来补充生产的需要，这个过程可以通过编制物料需求计划来完成。

（一）物料的 ABC 分类

服装生产所需的物料种类非常丰富，为了完成一笔订单或一批产品的生产往往需要几十种甚至上百种主辅材料，服装企业考虑到成本和精力很难做到面面俱到，对每一个细节的物料都做成详细的物料需求计划。在这里，可以应用 ABC 分类法，采用重点管理原则，对物料实行分类控制：

（1）A 类物料　价值高、品种少的物料。重点管理控制，根据生产方式制订物料需求计划。

（2）B 类物料　价值较高、品种较少的物料。重点管理控制，根据生产方式制订物料需求计划。

（3）C 类物料　价值低、品种多的物料。常规管理控制，制订存量控制标准，集中定量、定期补充。

物料需求计划的对象是实行重点管理的 A、B 类物料。

（二）物料需求计划编制

在编制物料需求计划时，通过对物料类型的分析，可以发现，在众多的物料中，有些物料是生产一批产品所专用的，而有些物料是很多种产品可以通用的。因此，企业在编制物料需求计划时不能一概而论，应该分别处理。将以上物料分成专用性和常备性两种物料进行管理。

1. 专用性物料的需求计划

所谓专用性物料，对企业而言，就是必须有订单才会购买的物料，属具体某一产品的专用物料。这类物料是依据订单的不同，分别制订物料需求计划，通常不保有存量。其物料需求计划的作业程序，如图 10-1 所示。

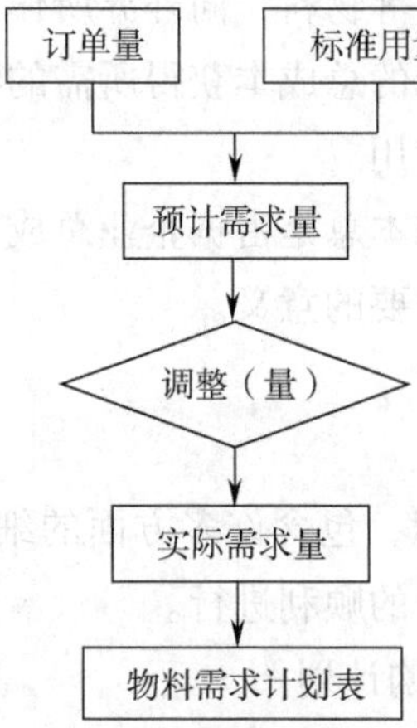

图 10-1　专用性物料需求计划的作业程序图

2. 常备性物料的需求计划

所谓常备性物料，对企业而言，就是长期使用或能通用、共用的常备物料。这类物料通常可运用存量控制计划性采购，即根据控制企业库存量来调整物料需求计划，其物料需求计划的作业程序，如图 10-2 所示。

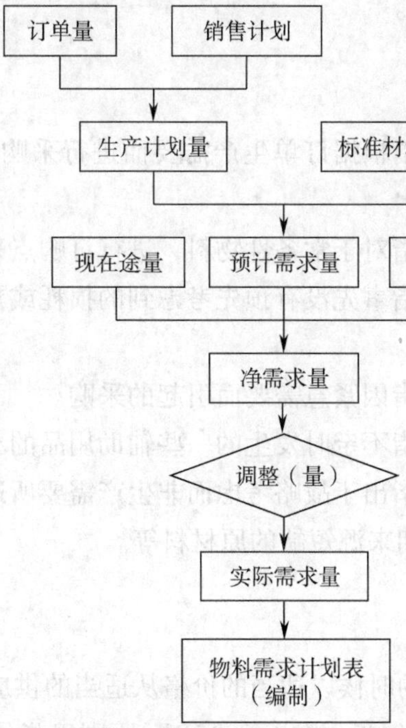

图 10-2　常备性物料需求计划的作业程序图

三、物料的采购实施

采购是企业为获得所需的原材料等物料，向外界所作的购物行为。企业根据物料需求计划，制订出合适的订购量，以最低的总成本获得所需的物料，同时还要保证适时、适量和适质的物料供应，以供所需部门使用。

对于许多服装企业而言，物料成本总是占据企业总成本的很大比例，因此，做好物料的采购工作对企业的经营具有非常重要的意义。

（一）采购的作业流程

采购作业是一个非常复杂的过程，包含许多方面的细节，每一个环节都要非常仔细，否则很容易出现差错，从而耽误生产的顺利进行。

1）根据物料需求计划，制订采购计划。

2）市场询价、比价作为物料价格基础。

3）选择供应商，查看样品、价格商讨、洽谈供货事宜。

4）确定供应商，发出采购订单。

5）及时跟催供应商，保证物料准时到货。

6）收货、验货、存货。

7）物料跟踪管理，进行供应商评审。

8）汇总采购文件及相关单据。

（二）采购的类型

（1）订单采购　订单采购是指根据订单生产需要而进行采购的方式，适用于高价值、多品种、少量、特殊规格的物料。

（2）存量采购　存量采购是指对于常备性物料，进行订购点采购或周期性采购。

（3）补充采购　补充采购是指事先没有预先考虑到的损耗或预计失误而引起的差量补充性采购。

（4）紧急采购　紧急采购是指因紧急需要而引起的采购。

（5）零星采购　零星采购是指不定时发生的一些辅助用品的小金额采购。

（6）战略采购　战略采购是指出于战略考虑而非生产需要所进行的采购。例如，采购价格行情预期上涨的原材料或预期来源短缺的原材料等。

（三）采购的原则

通俗地讲，采购就是在适当的时候以适当的价格从适当的供应商处买回所需数量商品的活动。人们经过长期的摸索与总结，提出了“5R”原则以指导采购活动，取得了良好的效果。

（1）适价（Right Price）　价格永远是采购活动中的关注焦点，好的采购员能为企业节省很多资金。物料的价格与许多因素有关，如市场的供求关系、购买的批量大小、物料的品质等。在物料采购过程中要做到适价，即物料的采购价格要适当，即用相对合理的成本获取所需的物料。

（2）适质（Right Quality） 所提供的物料要求具有适当的品质，即所采购的物料品质是适当的，符合规定要求的。

（3）适量（Right Quantity） 适量是指所采购、投入使用的物料的量适当，满足市场需要不至于造成呆滞或浪费。批量采购可能获得数量上的折扣，但会积压采购资金，太少又不能满足生产需要，因此合理确定采购数量相当关键，一般按经济订购量采购。

（4）适时（Right Time） 适时供料，即在需要的时候，能及时供应所需的物料。采购人员要监督跟催供应商准时交货。

（5）适地（Right Place） 物料供应源的地点要适当。选择较近的供应商合作，近距离不仅使沟通更为方便，处理事务更快捷，同时还可以降低采购物流成本。

（四）供应商管理

选择适当的供应商是采购成功的关键因素，供应商供应物料的顺畅可以使生产不会因为待料而停工，进料品质的稳定能保障生产成品品质的稳定、交货数量及交货期的准确。所以选择优秀的供应商是非常重要的，直接影响企业的生产与销售。

1. 供应商的评审

如何选择供应商，并不是一件容易的事，不是人情主导、草率从事，就是来源有限，无从挑选，因此必须按照正确的流程进行评审。

第一步：采购者在获得各个供应商的有关资料之后，要对供应商进行评估。选择供应商时一般考虑以下主要因素：① 产品质量；② 供货能力；③ 企业信誉及历来表现；④ 质量保证及赔偿；⑤ 生产设备与生产能力；⑥ 产品价格；⑦ 技术力量；⑧ 企业财务状况；⑨ 通信系统；⑩ 企业在同行业中的地位。

第二步：设定评审项目的权数：针对每个评审项目，权衡彼此的重要性，分别给予不同的分数，各项目权数的总和是100%。

第三步：合格供应商评定：确定了供应商的评审项目及权数后，可通过实地访谈、调查，召集评审会议等方式展开供应商的评审工作。如让相关厂商填写“供应商调查问卷”等，根据调查结果，进行项目评分，最终确定符合条件的合格供应厂商，形成“合格供应商名册”。同时，还需按合格厂商的专业程度极其制造能力给予归类分级，以期在供应商选择时能做到有的放矢，根据不同的要求选择不同的供应商。

2. 供应商管理

通过评审、打分选择好供应商之后并不是就万事大吉，在与形形色色的供应商打交道的过程中，也要做好沟通、协调、后续服务跟踪等一系列工作，应该说供应商管理是一项重要而且复杂的工作。

（1）供应商评鉴 建立一个适当的供应商考核、评鉴制度，并认真执行。与供应商评审时一样，先确定评鉴的项目及权数，然后对供应商的每次供应情况（品质、交货期等）进行记录、保存；并定期（如三个月）对供应商进行绩效评估，作为考核以确定奖惩及是否继续往来。若各项评鉴分数未达一定水平，则从合格供应商名册中剔除，丧失供货资格：而对于绩效好的供应商可给予一定的奖励，如按成交额给予一定比例的奖金等。

（2）供应商整合　为了降低采购作业的人力成本、作业费用，企业需要对供应商进行一定程度的整合，即企业可选择少数几家合作良好的供应商达成长期合作关系，促进供需双方的合作互利关系，有助于品质改善，同时也可利用集中向少数供应商采购的条件来提升谈判筹码，从而降低采购成本。

（3）双赢管理　过去，企业与供应商一直处于一种亦敌亦友的关系，一方面，双方在合作中共同谋求利益，另一方面，又不断在讨价还价及交期的问题上试图从对方身上为自己挖掘更多的利益。许多企业都与供应商和合作伙伴保持一定距离，不遗余力地守卫着自己的利益和内部资源。今天，越来越多的企业开始意识到，与合作伙伴并肩作战，能够获得巨大的竞争优势。

企业可以通过同供应厂商签订合作协议、实施供应厂商品质辅导、同供应商建立资源共享计划等措施来实现双赢。

丰田和供应商的合作堪称双赢合作的楷模，丰田向供应商敞开大门，组建旨在促进信息交流的网络来鼓励大家分享知识。通过这种方式，丰田成功地协助这些企业改进和完善了生产运作，并且取得了令人震惊的效果。与为丰田的竞争对手供货的生产部门相比，专为丰田供货的生产部门的工人的人均产出率要高出14%，存货水平降低25%，而残次品率也要低50%。这些改进给丰田带来了显著的竞争优势，从而使得丰田可以通过提供更高质量的产品来获取相当高的额外利润。正如丰田的董事及前任采购部门领导野口晃一郎（Koichiro Noguchi）所说的那样：“供应商对我们的成功至关重要。我们必须协助他们成为最强的企业。”

四、物料存货控制及原则

服装生产需要源源不断的物料，因此必须保持充足的物料供给才能保证顺利生产，在我国，绝大多数服装企业都是通过原材料库存来达到这个要求的。库存一方面意味着资金的积压，尽管现今有很多关于准时生产方式（JIT）、零库存等先进的生产管理理念，但基于我国目前服装产业的现状，原材料供应商还难以达到这种水平，因此仍需要通过库存来维持生产。为了能满足生产又不至于造成积压，物料库存量既不能太少，也不能太多，因此库存量多少的选择即物料存量控制对于企业的成本节约是至关重要的。

企业通过生产计划，对物料的需求作出预测，再通过存货控制，把存货量控制在一个适当的范围，使企业在制订物料需求计划时能在最适当的时间，以最经济的订购量订购物料。简言之，存量控制的目的就是以最经济的方式满足生产的需要。同时由于存货控制简化了物料管理，减少了管理费用和劳务费用，也一样产生效益。因此在服装企业中，对常备性物料以及那些价格低、种类多的C类物料，都需通过存货控制来进行物料管理。

（一）物料存量定额

企业的物料库存，一般可以分为常备库存和保险库存两个部分。常备库存也就是周转库存，是企业在前后两批物料运达的间隔期内，为满足日常生产的需要而建立的物资储备。由于在物料供应过程中，可能会出现因运输问题、交货期拖延或其他突发原因而导致物料不能及时到位，造成生产陷入停顿的状况，因此需要建立一个可供若干天生产的保险库存，以备在这种情况下使用。

1. 常备存量定额

常备存量定额是指两批物料运达间隔满足生产所必需的储存数量的标准。那么，究竟这个数量标准是多少呢？一般情况下，可以采用以下两种制订方法：

（1）“以期定量”法　该方法的计算公式为

常备存量定额 =（平均供应间隔天数 + 验收入库天数 + 使用前准备天数）×
平均每日需求量

在企业的日常运作中，验收入库时间和准备时间都是企业内部可以控制的，一般比较固定，而供应间隔时间则不是由企业一方可以决定的，存在运输、供货商拖延交期等风险。因此，物料供应间隔天数是决定常备存量的最主要的因素。减少供应天数，就降低了存量定额，这样既节约了流动资金又节约了仓库面积；既减少了物料消耗又降低了管理费用，因此企业往往努力减少供应天数，要求供货商尽快交货。通常在实际工作中，确定合理的供应间隔期，是先用计算方法确定一个供应间隔期的基本天数，然后综合考虑有关因素进行修正。

物料供应间隔天数 = 最低订货限额/平均每日需用量

（2）经济存量定额　利用以期定量法来考虑存量定额，主要是考虑了外界的现实供应水平，没有很好地考虑企业的经济效益。而经济存量的计算则是结合企业经济效益来考虑储存定额。

经济存量定额，就是指通过合理确定订货批量，使生产企业的存储总费用达到最低的物料储存定额。一般地，企业的存储总费用包括以下几项：订货费用、采购费用、存储成本和缺货损失。其中：

订货费用是指在物料订货、采购中发生的差旅费、管理费等费用，与订货次数成正比。

采购费用是指物料的采购价格。

存储成本是指库存物品占用资金的损失、仓库管理、折旧费用等，与订货量成正比。

缺货损失是指由于物料供应脱节而造成的停工待料的损失，一旦发生，损失往往很大，不仅是市场利润的损失，可能还会影响企业的声誉，因此这部分费用难以估算。

现在暂时不考虑缺货损失，来分析如何合理地确定订货批量从而使存储总费用最低。根据上面分析可知，在全年需要量确定时，采购总成本是基本不变的，全年的购储费用，就由两部分组成：一部分是随订货批量而增大的存储费用，另一部分是随订货次数减少、订货量增大而减少的订货费用，这两者是矛盾的。为了解决这一矛盾，就要寻找一个适当的订货批量，使企业存储总费用最低，这个量就是经济订货批量。其计算公式如下

$$某物料的经济订购批量=\sqrt{\frac{2\times 该物料计划年需用量\times 每次订购费}{单位物料年存储费}}$$

2. 保险存量定额

$$保险存量定额=平均每日需求量\times 保险储存天数$$

保险储存天数，主要根据以下原则确定：对于生产中的关键物资或专用物资以及来源困难的物资，保险存储天数应长一些，对于来源比较容易的物资，保险存储天数可少一些。

（二）合理存货控制

1. 存货控制的目的

存货控制本身不能创造利润，但用减少管理费用和劳务费用的方法，仍可达到开源节流、提高生产效益的作用。存货控制的目的是：

1）达到最经济的订购量。

2）在最适当的时间订购物料。

3）把存货量控制在一个适当的范围。

简言之，存货控制的目的是配合生产，以最低的费用维持产生更大的效益。

2. 存货控制的方法

现行存货控制的种类繁多，厂商普遍使用的方法有：分类控制、定量控制、定期控制、双分制及综合控制等。

（1）分类控制　将物料分为几大类，依据类别设定控制原则，在数量上实施各类货品的控制。常用的分类是将物料分为 A、B、C 三大类，也称 ABC 存货控制。

（2）定量控制　定量控制也称订购点法或 Q 制度。其特征如下：

1）每次订购数量一定，由存货控制的基本原则决定。

2）订货周期按需求决定。

3）确定安全存量，应付前置时间内不正常的需求。

4）经常检查当前的存货是否减至订购点，以便订购。

定量订购制的经济定量 = 平均每天使用量 × 一个生产周期的天数

定量控制的存货模式如图 10-3 所示。

（3）定期控制　定期控制或称 P 制度，其特征如下：

1）订货的周期固定不变。

2）订货的数量为存货水平的数量减去现存量，订货数量是不确定的。

3）定期执行盘点作业，确定现存量。

定期控制的存货模式如图 10-4 所示。

（4）双份控制　双份控制是将特定物料分为 A、B 两份，平常使用 A 份，B 份作储

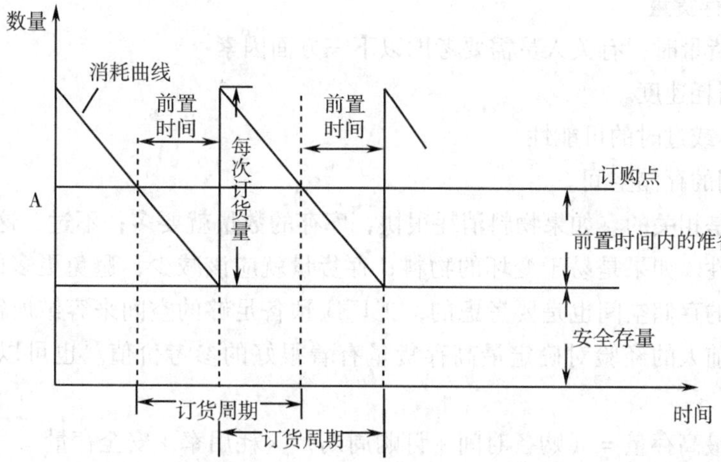

图 10-3　定量控制的存货模式

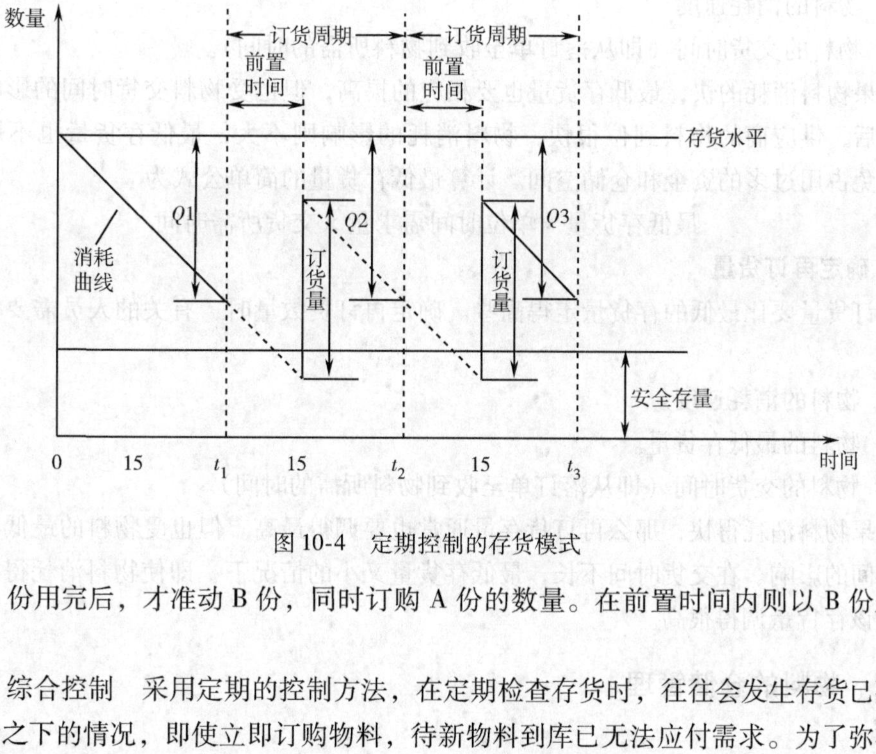

图 10-4　定期控制的存货模式

存。待 A 份用完后，才准动 B 份，同时订购 A 份的数量。在前置时间内则以 B 份来维持需求。

（5）综合控制　采用定期的控制方法，在定期检查存货时，往往会发生存货已减至应订货存量之下的情况，即使立即订购物料，待新物料到库已无法应付需求。为了弥补这一缺点，管理人员可将双份控制与定期控制配合使用。如果定期检查日期未到而双份控制中的第一份存货已经用完，则应立即订购；如果定期检查的日期已过，而双份控制中的第一份未用完，则仍需进行订购。

（三）存货控制的原则

存货控制工作主要有三方面：确定最高存货量，确定最低存货量，确定再订货量。

1. 确定最高存货量

确定最高存货量时，有关人员需要考虑以下三方面因素：

1）物料的消耗速度。

2）物料变坏或过时的可能性。

3）当前可用的存储空间。

这三个因素是相关的。如果物料消耗很快，库存的数量就要多；不过，这一因素也要考虑到物料的特性。如果是易于变坏的物料，存货量就应该减少，避免更多的物料变坏。此外，工厂可用的存储空间也是要考虑的，工厂应预备足够的空间来容纳所需的存货量。在很多情况下，前人的经验对确定最高存货量有着很好的参考价值。也可以参考以下公式，即

$$最高存量=（购备时间+订购周期）\times耗用率+安全存量$$

2. 确定最低存货量

确定最低的存货量时，有关的人员需要考虑两方面因素：

1）物料的消耗速度。

2）物料的交货时间（即从落订单至收到物料所需的时间）。

如果物料消耗的快，最低存货量也要相应的提高，但也受物料交货时间的影响。如果落订单后，供应商的物料到位很快，物料消耗的影响则不大，最低存货量也不用调得很高，以免占用过多的资金和仓储空间。计算最低存货量的简单公式为

$$最低存货量=单位时间需求量\times交货所需时间$$

3. 确定再订货量

再订货量要比最低的存货量定得高些。确定再订货数量时，有关的人员需要考虑以下因素：

1）物料的消耗速度。

2）物料的最低存货量。

3）物料的交货时间（即从落订单至收到物料所需的时间）。

如果物料消耗得快，那么再订货存量通常也要调得最高。但也受物料的最低存货量和交货时间的影响。在交货时间不长，最低存货量又小的情况下，即使物料消耗得很快，也不需将该存货量调得很高。

五、物料的仓储管理

（一）仓储的含义及重要性

1. 仓储的含义

所谓仓储就是指在产品生产或商品流通过程中，因各种原因使产品、物品暂时存放的场所，仓储管理就是对仓储货物的收、发、盘点、结存等活动的有效控制。

2. 仓储管理的目的

为了保证企业仓储货物的完好无损，确保生产经营活动的正常运行，并在此基础上对

各类货物的活动状况进行分类记录，以明确的图表方式表达仓储货物在数量、品质方面的状况，以及目前所在的地理位置、部门、订单归属和仓储程度情况的综合形式。

3. 仓储管理的意义与作用

在现代企业中，仓储管理是反映工厂各种类物资活动状况的综合场所，清晰、准确的报表，单据账目等资料信息的记载，为会计核算部门提供了较为便利的信息来源。

在生产企业中，仓储是连接生产、供应、销售的中转站，是生产过程中必备的周转场所，参与生产经营、编制供需计划，跟踪物料消耗情况，提供物资信息已成为现代仓储管理的重要工作内容，由此可见，仓储自始至终贯穿企业生产经营的全过程，对促进生产、提高效益起着重要的辅助作用。

（二）入库管理

当物料送达企业后，入库管理是物料仓储管理的第一关，也是作用的一步。其内容如下：

1. 凭证审核

当所采购的物料运至企业时，一般都附有装箱单、货运单或交货通知单等相关凭证，在这些凭证上都标有合同编号、物品数量和物品编号等物料信息，在物料入库前应仔细审核，将它们与订购单副本加以比较就可以发现是否一致。

2. 数量检验

将物料的数量与订单等相关凭证相对比，清点运输的物料数量是否有差错。

3. 时间检验

实际交货的时间是否与订单合同所规定的交货期相一致，提前或迟到都应进行有效的控制。

4. 质量检验

物品在入库前，进行质量检验可以确保其满足产品生产的要求，质量检验是物品检验的最重要的部分。可以说，经过原料的质量检验基本上决定了产品的质量水平。

5. 发票审核

将供货商的发票与合同确认书、订购单、相关凭证和检验报告进行比较，如发现品种、规格、数量、质量、单据不符合规定，应查明原因，报告主管部门，及时处理。最后，当一切检验正常，填写收料单及相关物料检验单，做好入库工作。

（三）物料储存

物料入库后，要根据不同物料的物理、化学成分及体积大小、包装情况等予以妥善保管，特别是有毒易爆等危险物资，一定要按照国家保管条例的规定严加管理。一般合理的物料存储应遵循下列原则：

1）建立健全账、卡档案，及时掌握和反映产、需、供、耗、存等情况，发挥仓储的作用。

2）面向通道进行存储。为使物品出入库方便，容易在仓库内移动，基本条件是将物品面向通道保管。

3）尽可能地向高处摆放，提高存储效率。有效利用库内容积应尽量向高处摆放，为防止破损，保证安全，应当尽可能使用棚架等保管设备。

4）根据出库频率选定位置。出货和进货频率高的物品应放在靠近出入口，易于作业的地方；流动性差的物品放在距离出入口稍远的地方；季节性物品则依其季节特性来选定放置的场所。

5）同一品种在同一地方保管。为提高作业效率和保管效率同一物品或类似物品应放在同一地方保管，员工对库内物品放置位置的熟悉程度直接影响着出入库的时间，将类似的物品放在邻近的地方也是提高效率的重要方法。

6）根据物品重量安排保管的位置。安排放置场所时，当然要把重的东西放在货架的下边，把轻的东西放在货架的上边。需要人工搬运的大型物品则以腰部的高度为基准。这对于提高效率、保证安全是一项重要的原则。

7）依据先进先出的原则。保管的重要一条是对于易变质、易破损、易腐烂的物品；对于机能易退化、老化的物品，应尽可能按先入先出的原则，加快周转。由于商品的多样化、个性化、使用寿命普遍缩短这一原则是十分重要的。

（四）出库管理

物品出库是一种库存变动，应严格加以管理。物料发放出库的基本程序如下：

1. 物料申请

1）物料部门使用物料需填写物料申请单，经主管单位核准后，发给领料单。企业应根据计划任务和消耗定额（或有关规定），合理计算出用料部门的物资需用量，具体规定发放物料的时间和数量。

2）实行补料审核制度。凡工废、料废、超定额等要求补领材料时，必须经过审核批准，方可予以补料。

2. 物料出库

1）审查“领料单”的填写是否规范。

2）根据“领料单”所填数量发放物料。

3）按“先进先出”原则发料，以防物料变质。

4）实行退货和核销制度。生产任务完成后节余下来的材料或边角余料中可以继续利用的材料要进行退料和核销，一般可以分为实物退料和转账退料两种。

5）实行以旧换新制度。凡是能以旧换新的物资应及时组织回收、回修、回用，但必须严格实行以旧换新制度。

（五）记录统计

无论是领料、退料、核销还是以旧换新，仓库管理人员都应做好详细的记录和统计，到物料出库的整个过程进行严格的控制。

（六）物料盘点

盘点也称为盘存、点货，企业通过清查、计算仓库里现有的物料种类和数量，掌握仓库的实际情况，从而作为物料采购进货的参考。根据管理需要和物资的性质，清仓盘点一般采取定期清查、不定期清查和永续盘点三种方法。盘点内容包括：

1）检查账、卡、物是否相符。

2）检查各类物资有否超储、变质和损坏。

3）检查仓库是否整齐。

4）检查库房设备和安全设施有无损坏等。

盘点所得资料与账目核对结果，如发现账物出现不一致的现象，则应积极追查账物差异的原因。

（七）呆废料的处理

1. 定义

（1）呆料　物料存量过多，耗用量极少，仅仅偶尔动用少许，也不知道何时何日才能动用或根本不再有动用的可能。但这些物料是百分之百的可用物料，未丧失物料原应具备的特性和功能，只是闲置不用而已。

（2）废料　报废的物料。即本身已残缺或磨损过度，或超过其寿命年限失去原有的功能造成本身毫无价值的物料。

2. 呆废料处理的目的

1）物尽其用。

2）减少资金积压。

3）节约库存管理费。

4）节约仓储空间。

3. 呆废料产生的原因

（1）呆料产生的原因

1）市场预测欠佳，以致造成销售计划不准确，致使企业准备过多的物料。

2）时间过长引起的物料变质。

3）生产计划的失误造成物料种类的变更。

4）产品设计的失误造成物料种类的变更。

5）订单的更改或取消，导致物料的用量消减，产生大量的呆料。

6）库存管理不当或人为管理不良，造成账物不符产生的呆料。

（2）废料产生的原因

1）陈腐　物料长时间不用，陈腐不堪失去使用价值。呆料也会变为废料。

2）锈蚀　机械设备耐用年数已过，无论如何保养，终会无使用价值，报废拆解后自然形成废料。

3）边角料　物料加以裁剪后必会产生边角零头。

4）拆解的产品　不良产品的拆解，必然会产生不少无利用价值的零件或包装材料。

4. 呆废料处理的方法

呆废料处理的方法包括调拨、拆零利用、转增、出售、销毁。

我的收获：________________

我的疑惑：________________

项目测评：

1. 简述物料管理的范围及重要性。
2. 简述采购的作业流程。
3. 简述存货控制的目的及方法。
4. 简述仓储管理的意义与作用。

项目 11

服装成本管理

项目任务 1. 明确成本管理的目的和意义。

2. 熟悉服装产品与生产成本的构成。

3. 熟悉服装生产成本控制的内容。

身边事

艾芙每次在商场里买衣服时，都对服装的定价非常感兴趣。款式相近的服装为什么定价会如此悬殊呢？

服装的定价除了材料成本之外，制作成本和管理成本在其中占有重要的部分。无论对于企业、批发商和零售商来说，控制生产成本都是非常重要的。谁能降低生产成本，谁就能在市场竞争中脱颖而出，占得先机。

一、成本与成本管理

成本管理是企业经营过程中获得利润增长的第一要素，对于企业来说，不重视成本管理就等于走向死路。企业的经营目标就是追求利润，这是企业的宗旨。如何才能获得高于同行的利润，企业急需做的就是去不断学习和研究成本管理和控制的新技术、新方法。

有人说，“成本管理属于财务部门的职责”，这是一种不完全科学的说法。财务报表是反映事后的结果，而成本控制强调的是管理过程，过程是要靠责任部门团队协作去完成的。所以，缺乏科学管理过程的企业是无法实现成本控制目标和利润的。

企业经营成本每时每刻都在发生，成本是动态变化的，同类企业的利润差异关键在于对成本的管理和控制。成本在企业内包涵的内容广泛，与企业的决策、指令、行动、个人行为紧密相连。“成本”和“利润”是一把“双刃剑”，要获得比同行业更高的利润，要与竞争对手在价格方面一比高低，仅靠外部市场环境竞争已难敌对手，科学的方法就是从内部管理做起，发动全员加强成本管理和控制，管理企业生产过程中的每个细节，消除浪费，提高工作效率。

企业的成本管理涉及面广，要进行多种管理活动。如生产、设计研发、销售、人力、物力、物料采购、行政办公等都涉及成本控制管理范畴。在这本章论述的重点为服装标准成本、生产成本计划的制订及生产成本控制工作等内容。

（一）成本和费用的概念

服装企业在生产经营活动中，不可或缺地会产生各种各样的财务支出，根据支出的类型和目的加以归类，构成了企业的成本和费用。

成本是指企业为生产经营一定的产品而耗费的资产或劳务的货币体现。

费用是指企业在生产经营过程中所发生的各项耗费。它分为直接费用、间接费用和期间费用等。它包括：劳务费、材料费、协作加工费、管理费、财务费、销售费等人力、物力、财力等费用。

成本和费用两个术语有时可以不加区别地使用，但事实上，两者具有时间性区别的。成本是商品生产过程中所发生的各种费用。

（二）服装产品成本的构成

服装产品的成本是指服装生产过程中消耗的生产资料价值、管理费用以及支付给工人劳动报酬等价值的货币体现，主要有材料费、劳务费和制造费组成。

1. 材料费

（1）直接材料费　面料费、辅料（里料、衬料、填充料、纽扣、拉链、缝纫线、其他附属品如商标、包装衬料等）费用。

（2）间接材料费　机针、机油、缝纫零件等费用。

2. 劳务费

（1）直接劳务费　基本工资、计件工资、加班费、奖金等。

（2）间接劳务费　临时工资、假日工资、福利费、其他费用。

3. 制造费

（1）直接经费　样衣试制费、专利费、外发加工费、设备租赁费等。

（2）间接经费　福利费、折旧费、水电费、交通费、通信费、保险费、工商税务、利息等。

（三）产品成本、销售价格和利润的关系

产品的成本、售价和利润的关系如图 11-1 所示。

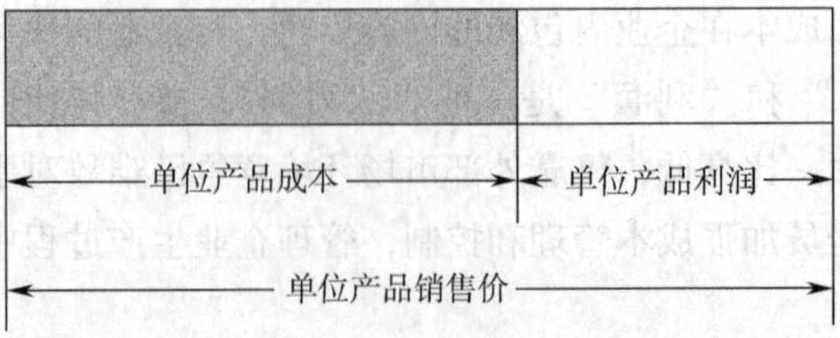

图 11-1　产品的成本、售价和利润的关系图

服装产品成本和价格定价方法有以下两种：

1. 成本加权定价法

成本加权定价法的计算公式为

销售价 = 成本 + 利润

这种方法是在产品成本的基础上，加上一个适当的加权利润，即可构成销售价。此方法只有在本产品没有市场竞争力的情况下才可以运用，不适用于本产品遍地皆是、竞争激烈的市场环境。

2. 竞争定价法

竞争定价法的计算公式为

利润 = 销售 − 成本

这种方法又称“倒逼成本”法，是根据市场的需要，分析竞争对手的价格，再确定自己产品的价格。也就是说，在市场售价已定的情况下，只能通过管理手段提供产品质量、降低产品的成本来获取更多的利润空间。

（四）成本管理的主要内容

1. 成本管理的概念和意义

成本管理指在企业经营方针的指导下，贯彻执行降低成本或维持成本的目标，对各项成本进行预测、计划、控制、核算、分析和考核，采取降低成本的有效措施，制订成本开支范围、成本管理责任、监督与奖惩等规章制度的一系列重要市场活动。

成本管理是企业管理的一个主要组成部分，它要求系统、全面、科学、合理，并对于促进增产节支，加强经济核算，改进企业管理，提高企业整体成本管理水平具有重大意义。

2. 成本管理的主要内容

1）开展生产成本预测，确定标准成本，编制生产成本计划。

2）在成本形成过程中加强成本控制。

3）准确、及时地核算产品成本。

4）进行生产成本分析。

以上内容周而复始地形成了成本管理体系，即遵循了 PDCA 管理循环原则在成本管理中的运用。

二、服装产品的成本核算

产品的成本，是指在服装的生产制作过程中所消耗的面料和辅料等材料费用、管理费用以及工资费用等的总和。通常除材料以外的其他费用（管理费用、工人工资、其他经费等）统称为加工费用。因此，产品成本最简单的表述为

服装生产成本 = 材料费用 + 加工费用

（一）材料成本的核算

材料成本是构成服装生产成本的主要部分，主要包括面料成本、辅料成本、包装成本三大部分，因此可以将材料成本表述为

材料成本 = 面料成本 + 辅料成本 + 包装成本

1. 面料成本的核算

面料可分为主面料、里料及其他辅助面料，面料成本是以每生产一件服装所需面料的价格

面料成本 = （面料用量 × 单价） + （里料用量 × 单价） + （辅料用量 × 单价）

面料的单价有两种表示方法：一种是以织物幅宽为规格，以长度为单位的计价方法(例如，元/m)，通常用于织物结构尺寸较稳定的机织物。另一种是织物重量为计算单位的重量计价法（例如，元/kg)，通常用于织物结构尺寸不太稳定的针织物。有些特殊的用料，例如，服装内的填充物，包括棉花、喷胶棉、珍珠棉等也是按重量计价的。

进行面料成本核算时，应注意以下几个方面：

1）每个服装订单中，每一款服装均有不同的大小号码，不同号码的同款服装，其用料也是不同的，从而造成面料的成本不同。通常服装订单所确定的价格是不分号码大小的，即大小号码的服装价格是一样的，因此实际造成大号的服装成本高，小号的服装成本低。

对于成人服装，要避免这种情况，在核算成本时应按基础号码（中档号码）用料量来计算。但是这有个前提，就是服装的数量应以基础号码为中心，大小号码均匀搭配。如果号码搭配数量不均匀时，应按中档偏大号码的用料进行计算。例如：

号码配比：	S	M	L	XL	XXL
	1	2	3	2	1

可以按“L”号为基础计算面料成本。

号码配比：	S	M	L	XL		S	M	L	XXL
	1	2	2	1		1	3	2	1

可以按“L”号为基础计算面料成本。

2）对于尺寸差异较大的服装产品，如儿童服装，其同一款式的最小号码与最大号码的面料用料相差较大，成本计算不好掌握。因此在计算面料成本时，宜采用分段计算的方法，销售定价时也应采用分段拟价的方式。

3）计算面料用料时，要充分考虑损耗率的问题，这与裁剪排料铺布有很大的关系。裁剪排料铺布得当，面料的利用率高，损耗率就小；反之则会使损耗率上升，造成面料成本的提高。

2. 辅料成本的核算

服装用辅料种类繁多，其主要包括：拉链、纽扣、缝纫线、松紧带、黏合衬、各种饰

物以及标签（如商标、尺码、水洗唛等）、吊牌等。在进行成本核算时，应一一对应各种辅料的用量，分别计算出其成本，然后累加，即可得出每件服装所用辅料的成本。

在计算辅料成本时，应注意以下几方面：

1）普通的辅料，可通过辅料市场进行采购，将采购费用同时分摊到辅料的单价中，得出辅料单价，进行成本计算。

2）特殊要求的辅料，需要专门订制加工。考虑损耗的问题，一般都有比原计划用量要多订制，因此多出的辅料数量的成本也要平均到原用辅料数量当中。

3. 包装材料成本的核算

包装材料通常是指包装用的胶带、纸箱、打包器材等。进行成本核算时，要将每件服装所需的各种包装材料成本分别计算后累加，得出服装的包装成本。

在计算包装成本时应注意以下方面：

1）单件服装使用的包装袋、衣架等，可按数量及其费用直接计入服装的成本之中。

2）多件服装使用一个包装材料时（如 12 件服装包入一个纸箱），应将这一个包装材料分摊到每一件服装之中。

因此，服装的包装成本应包括单件的包装材料费用加上其所分摊的包装材料费用总和。

（二）加工费成本核算

1. 服装生产加工费的构成

服装生产加工费的构成比较复杂，通常分为以下几个方面：

（1）间接材料费　它包括缝纫机油费、缝纫机针、缝纫机易损零件费用等。

（2）劳务费　即所谓的工资、奖金、劳动保险金、津贴以及其他各种福利费用。

（3）制造经费　它包括样品制作、制板费用，外发加工费以及税费、水电费、交通费、信息费等。

2. 加工费的核算

加工费的核算还要根据自身企业生产规模的大小、经营模式来核算。在谈判报价时需要快速报出数据，一般都是依据以往的经验进行估算，在较短的时间内得出结果，以方便谈判工作的顺利进行。尤其是在谈判价格时，经常会有讨价还价的情况出现，因此要求谈判人员能够快速地权衡生产成本，保证自身的利益。下面介绍两种简便的加工费核算方法：

（1）工序费用累加法　工序费用累加法是将服装生产过程中单件服装每道工序所要付出的工费值进行累加，再乘以费用系数，得出服装的加工费用，即

$$加工费（元/件）= 工费累加值 \times 费用系数$$

通常企业在长期的生产实践中已总结出每道工序所付出的基础工费值，在核算加工费时，可以类推计算，得出相应的工费值。

费用系数是企业会计综合以往各种费用实际发生额与生产数量的比较，得出的一个经

验数值。这个数值通常是固定不变的，但当企业生产经营的各种费用有较大变化时（如水电涨价、间接材料费上涨、劳务费提高等），应及时调整费用系数。通常这一系数在2~3左右。

（2）工时计算法　工时计算法是以服装生产加工所需的工时数与加工费率的乘积，得出加工费的数据，即

加工费＝工时数×加工费率（工资率＋经费率）

工资率＝月人均工资支出（包括奖金）÷工作天数÷每天工作时数÷60min

经费率是以一段时期（6个月）为基础，所支出的经营管理等各项费用，然后除以6个月，除以每月工作时数，再除以每天工作时数，再除以60，精确到分钟。

例如，某服装企业拥有职工60人，每人每月平均工资1800元，每月工作25天，每天工作8小时，近一段时期的经费支出是15000元（6个月计算）。这个企业接到一批加工活，每件服装的生产工时累加为30min/件，那么企业承接的加工费是多少呢？

解：　工资率＝1800÷25÷8÷60元/min

＝0.15元/min

经费率＝15000÷6÷25÷8÷60元/min

≈0.2元/min

加工费＝（0.15元/min＋0.2元/min）×30min

＝10.5元

通常工资率和经费率的变化不大，同样企业生产经营的各种费用变化较大时（工资上涨、各种管理经费提高）也应作及时调整。

总之，对服装产品进行初步核算时，要充分考虑客户订单的要求以及服装的款式、规格、生产数量、交货期和支付加工费的方式等多种因素，使初步核算更加准确、合理，使企业经营正常顺利发展。

3. 服装加工报价中常见的问题

1）服装用料的计算。考虑到面料用料多少与款式结构变化、排料方式、面料幅宽大小等因素。

2）利税计算。注意“总体报价”与“分离报价”的区别。

3）包装、运输等费用的计算。

4）样衣和其他费用等。

三、服装生产成本的控制

在竞争激烈的服装市场中，同样质量价格的服装当中就看谁的成本控制的低，谁就能获得最大的利润，能降低10%的成本比提高10%的价格效果更为显著。因此，在生产管理中，加强对生产成本的控制，是提高企业生产竞争力的有效手段，是一项不可忽视的重要任务。

（一）生产成本控制的内容

服装生产是伴随着产品整个生产过程而发生的，因此，必须对生产的全过程进行成本控制，主要内容包括：

1. 产品设计阶段的成本控制

产品设计阶段的成本控制，属于成本控制的事前控制。产品设计阶段决定了生产所需的物力、人力、技术、设备等资源的消耗标准，基本确定了产品生产过程中要消耗的工、料、费的水平。因此，产品设计过程中的成本控制在整个成本控制活动中占重要地位。

2. 计划编制阶段的成本控制

计划编制阶段的成本控制也属于事前控制。计划编制得当，会使企业生产顺利进行，按计划完成成本控制，创造效益。否则，会给企业造成巨大的经济损失。

3. 生产现场的成本控制

生产现场的成本控制是生产各个环节的量化的控制，如生产材料的利用率，生产当中的产量，产品的合格率等各项指标的成本控制。这项工作难度最大，最繁琐，控制不好很难达到设计和计划的效果，所以需要靠全体员工共同努力来加以控制。

4. 质量成本控制

质量成本是由美国质量专家费根堡姆在20世纪50年代提出来的。他将企业中质量预防和鉴定成本与产品质量不符合自身和顾客要求所造成的损失一并考虑，形成质量报告，为企业高层管理者了解质量问题对企业经济效益的影响，进行质量管理决策提供重要依据。此后人们充分认识了降低质量成本对提高企业经济效益的巨大潜力，从而进一步提高了质量成本管理在企业经营战略中的重要性。

质量成本控制就是指如何减少因质量问题导致的成本支出。属于事前与事中控制。质量成本由以下几方面构成：

（1）预防成本　防止缺陷或不合格产品发生，以使失效和鉴定成本减至最低，其必须花费的费用。

（2）鉴定成本　为评估产品质量是否符合产品质量要求而进行的检验和检查、试验形成的费用。

（3）内部失效成本　这是指产品在交付顾客之前发现缺失而进行处理所必须花费的费用。

（4）外部失效成本　这是指产品在交付顾客后所发现的缺失而进行处理所花费的费用。

（5）外部保证质量成本　这是指当顾客要求企业出示客观的产品质量证据时，企业所做的有关示范及证明而发生的一切费用。

5. 材料、半成品与成品库的成本控制

按需求量采购原辅材料，按定额实行限额发放，使库存量保持在储备定额的水平，做好盘点，提高仓库的利用率。

6. 销售过程中的成本控制

销售过程中的成本控制主要是对包装、运输、广告、推销费用、售后服务和销售机构等开支进行控制，属于事中、事后控制。

（二）成本控制的原则

在实施成本控制时，为了更好地发挥成本控制的作用，达到成本控制的预期目标，在建立成本控制体系和方法时，应遵守以下基本原则：

1. 及时性原则

成本控制的及时性原则是指在成本控制系统中，能及时揭示成本控制过程中产生的实际与控制标准之间的偏差，使之能在较短的时间里恢复正常，及时消除偏差。

在成本控制中，出现偏差而没有及时揭示，因而没有及时采取措施予以纠正时，这个间隔时间越长，给企业造成的损失就越大。因此，在成本控制中，要尽量缩短成本控制中的偏差间隔时间，使市场经营活动中出现的实际标准与控制标准之间的偏差能及时得到纠正，以减少失控期间的损失。

2. 节约性原则

实施成本控制一般会发生一些费用，如办公费、管理经费、工资费等，这些费用一般称为控制成本。实施成本控制的目的就是通过切实可行的、有效的控制活动，给企业带来较大的经济效益，即控制收益。

在成本控制中一定要采用节约性原则。有时，人们对节约型原则认识不足，认为只要将生产成本降低就可以了，而面对生产经营活动中所发生的一些费用很少关注，这其实是一种错误观念。如果只是产品成本降低了，而经营活动中的其他费用上升了，这样就不符合节约性原则。

3. 适应性原则

成本控制的适应性原则是指随着时间的推移和内外部条件的变化，成本控制能适应这种变化，并能在变化了的条件下较好地发挥控制作用。

企业的生产经营活动是处于复杂的、经常变化的环境中，许多始料未及的情况时有发生。这就要求在设计成本控制程序和方法时，充分考虑到多种因素，使其具有较强的适应性。

4. 责权利相结合原则

在推行现代企业管理制度当中，企业一般都要实行责权利相结合的经济责任制。该责任制的内容是非常丰富的，各责任单位承担的责任、任务较多。但在这个责任制中，最重要的应当认为是成本控制责任制。由于成本是一个重要的经济指标，关系到企业的盈利水平，因此，应将其列为重中之重的责任制。由于成本控制系统中规定了各控制单位的责任制，同时，在该系统中还制订了相应的指标计算、考核方法，所以，在进行成本控制的同时，也就进行了责权利的界定。

5. 简便易行原则

成本控制系统是一项复杂的工作，涉及的单位、部门较多，对于大多数会计人员来说比较陌生。同时，企业的会计工作业务量是很繁重的，因此，在设计成本控制程序和方法等成本控制体系时，应遵守简便易行的原则，以避免在实际工作中可能遇到的各种困难，从而达到预期的控制效果。

简便易行的原则应根据企业的具体情况加以确定，并不是说所有的企业都可以实行这项原则。对于一些基础较好、成本管理工作做得较扎实的企业，其成本控制的方法可适当提高难度，这样可以提高成本控制的效果和管理工作的档次。

6. 因地制宜原则

成本控制的方法很多，但因企业的千差万别以及成本控制的阶段不同，各种方法的适应性也不相同。因此，在选择成本控制方法时，要针对每个企业的具体情况，选用不同的成本控制方法，不能生搬硬套。

7. 互相协调原则

成本控制工作是企业经济管理工作的一个重要组成部分，企业的各项经济管理工作是互相联系、互相制约的。要做好成本控制工作，仅靠成本管理部门的努力是远远不够的。由于企业产品生产是各个部门之间相互联系的，各个部门对产品成本的高低都有影响。如果一个单位的成本降低了，而其他单位的成本提高了，最后企业整体的经济效益也不能得到提高，这种成本控制是不成功的。同时，在进行成本控制活动中，也经常会涉及各个部门之间的利益，各部门之间也会出现一些问题和矛盾，这些都需要在进行成本控制活动时各个部门的密切配合，相互协调，共同努力，以提高企业整体经济效益为出发点。

在成本控制的协调过程中，成本管理部门应承担主要责任，起着调节的作用。通过协调，解决问题，化解矛盾，达到最佳的成本控制目标。

（三）成本控制的程序

成本控制的程序是形成前后连接、循环管理的过程，每循环一次，就要推动成本控制工作前进一步。基本程序如下：

1. 确定成本控制的标准

成本控制的标准包括成本计划指标、费用开支标准、各种费用支出限额、各种耗材消耗定额，以及每种产品和每件零部件的目标成本等。

2. 监督成本形成过程

经常把实际成本与标准成本进行对比分析，及时发现实际成本的差异，出现差额时，及时而准确地找出原因，为纠正偏差提高数据和信息。

3. 提出措施纠正偏差

对实际成本与标准成本的差异，要查明原因，采取有效措施予以纠正，对可能产生的偏差要采取预防性措施，以保证按成本控制标准开支各项生产费用，从而达到降低成本的预期目标。

4. 总结工作修订标准

要定期总结成本控制工作，考核成本指标，分析成本产生偏差的原因，明确经济责任。要根据企业生产技术组织工作的进展，不断挖掘开源节流的潜力，定期修订成本控制标准。

我的收获：

我的疑惑：

项目测评：

1. 简述服装成品成本的构成。
2. 简述加工费的计算方法。
3. 成本管理的一般程序是什么？

参 考 文 献

［1］石吉勇，李先国．服装生产管理［M］．北京：化学工业出版社，2009.

［2］万志琴，宋惠景．服装生产管理［M］．2版．北京：中国纺织出版社，2005.

［3］吴俊，刘庆，张启泽．成衣跟单［M］．北京：中国纺织出版社，2005.

［4］穆庆贵，陈文安．新编企业管理［M］．3版．上海：立信会计出版社，1995.

［5］万寿义．成本管理［M］．北京：中央广播电视大学出版社，2001.

［6］王德中．管理学［M］．3版．成都：西南财经大学出版社，2005.

教师服务信息表

尊敬的老师：

您好！感谢您多年来对机械工业出版社的支持与厚爱！为了进一步提高我社教材的出版质量，更好地为职业教育的发展服务，欢迎您对我社的教材多提宝贵意见和建议。感谢您在教学中选用了《服装生产管理》（吴京原　编）一书。

一、基本信息

姓名：__________　性别：__________　职称：__________　职务：__________

学校：______________________________　系部：__________

地址：______________________________　邮编：__________

任教课程：__________　电话：__________　手机：__________

电子邮件：__________　QQ：__________　MSN：__________

二、您对本书的意见及建议（欢迎您指出本书的疏误之处）

三、您近期的著书计划

请与我们联系：

北京市西城区百万庄大街22号（100037）机械工业出版社·技能教育分社　马晋（收）

Tel：010-88379079

Fax：010-68329397

E-mail：major86@163.com